AF474155

DESCRIPTION

DE LA

NIGRITIE.

DESCRIPTION

DE LA

NIGRITIE.

Par M. P. D. P.

Ancien Conſeiller au Conſeil Souverain du Sénégal, & enſuite Commandant du Fort Saint-Louis de Gregoy, au royaume de Juda, & de préſent Gouverneur pour le Roi de la Ville Saint-Dié-ſur-Loire.

ENRICHIE DE CARTES.

A AMSTERDAM,

Et ſe trouve A PARIS

Chez MARADAN, Libraire, rue des Noyers, nº. 33.

1789.

DÉDICACE.

MON ancien & respectable ami, par quelques anecdotes que je vous ai rapportées sur le séjour que j'ai fait pendant vingt-deux années à la côte d'Afrique, chez les nègres, dans les différens établissemens de l'ancienne Compagnie des Indes, vous avez jugé que la singularité des mœurs de ses habitans méritoit d'être écrite. Vous m'avez dit que je ne devois pas laisser périr les connoissances que m'avoient donné sur ces pays vingt-deux années d'ob-

servations, vous m'avez même ajouté qu'il étoit de mon devoir de me livrer à ce travail avec d'autant plus de raison, que je convenois, que tout ce que nous avons de relations de ces contrées, est absolument contraire à la vérité, & souvent de l'absurdité la plus révoltante.

J'ai long-temps résisté à votre sollicitation. Je m'en suis toujours défendu, tant à cause de mon incapacité, pour une telle entreprise, que parce qu'à mon âge, on commence à devenir paresseux. Cependant, encouragé par la promesse que vous m'avez faite, de corriger mes fautes de diction; je viens d'entreprendre l'Ouvrage dont il s'agit. Je vous le présente comme l'hommage de ma sincère reconnoissance, due à l'amitié que vous avez pour moi, depuis cinquante-trois ans, à vos talens, & plus encore, aux qualités du cœur, qui sont inestimables, & que j'ai toujours reconnues en vous. Si mon Ouvrage ne répond pas à votre attente, n'en accusez que vous-même. Je garatis seulement que vous n'y trouverez rien que de conforme à la plus exacte vérité, ce qui à vos yeux, m'excusera sur mon peu de talens à écrire.

PRÉFACE.

TOUT ce qu'on a écrit jufqu'à préfent fur la Nigritie, eft fi contraire à la vérité, fi méprifable, & les faits qui ont quelque fondement, fi fort altéré, que l'on ne peut s'empêcher d'être furpris que le goût de débiter des fables, ait pu engager tant de gens à donner leurs rêveries, pour l'hiftoire d'une auffi vafte partie du monde. Je ne parlerai que d'un certain pere *Labat*, qui a donné celle du Sénégal. Il n'y eft allé qu'une feule fois. Il y a refté peu de temps. Il étoit aumônier dans un vaiffeau, dont il n'eft jamais defcendu à terre, ni même dans l'isle, étant resté en rade; & quand il y auroit fait quelque séjour, il n'auroit guères été plus en état de donner une description de ce pays; parce que pour y parvenir, il faut, non-seulement y avoir vécu long-temps, mais il faut y avoir voyagé chez les différens peuples; il faut entendre & parler la langue de ces contrées. Ainsi, le pere *Labat* n'a écrit que d'après les questions qu'il faisoit aux matelots nègres, qui venoient à bord de son navire, & qui, pour avoir un verre de vin ou d'eau-de-vie, lui débitoient chacun ce qui leur venoit en tête.

Le révérend pere en prenoit ainsi note, pour en composer l'histoire fabuleuse qu'il a eu la hardiesse de débiter. De là, on doit juger du cas que l'on doit faire de ſon ouvrage. C'eſt l'examen de toutes ſes abſurdités qui a fait naître à l'auteur de cet abrégé, l'envie de donner ce petit Ouvrage. Vingt-deux années de ſéjour dans les différens établiſſemens que les français ont au haut & au bas de la côte, & où l'auteur a commandé pour la compagnie des Indes dans l'un de ſes forts, l'ont mis à même de ne rien écrire qui ne ſoit conforme à la plus exacte vérité. On connoîtra facilement à ſa narration ſimple, qu'il n'eſt point homme de lettres, & qu'il n'a eu d'autre ambition, que d'être fidèle dans ſes deſcriptions.

S'il eſt quelquefois obligé de parler

de lui-même, il ſupplie le lecteur de le lui pardonner; mais il aura l'attention de ne le faire qu'autant qu'il ſera néceſſaire de rendre ſa narration plus authentique & plus intelligible. Revenu en France en 1765, depuis ce temps, il peut être arrivé quelques changemens dans le régime & le gouvernement de ces peuples; mais les changemens doivent être de bien peu de choſe.

DESCRIPTION

DESCRIPTION

DE LA

NIGRITIE.

LA Nigritie commence à la rivière du Sénégal, situé par les 16 dégrés, 12 à 15 minutes du nord. Quelques géographes prétendent que le cours du Niger connu, n'est qu'un bras de ce fleuve. A deux lieues de son embouchure, est, au milieu, l'isle du Sénégal. Elle a tout au plus un quart de lieue de long, & à-peu-près 150 à 200 toises de large. Au milieu de cette isle, est situé le fort Saint-Louis, où résidoit le commandant général de toute la concession, avec un sous-directeur, un inspecteur de magasin, deux teneurs de livres, ce qui composoit un conseil souverain de cinq personnes, qui peuvent juger à mort. Il y a de plus, un capitaine & un lieutenant de port, un garde-magasin général, un sous-garde magasin, huit à dix commis pour les traites de la rivière & pour les écritures. Un maître de port, un voilier, dix à douze matelots blancs pour aider la navigation de la mer, deux sergens, quarante à cinquante soldats, plusieurs charpentiers de navire, deux taillandiers, deux serruriers, cinq à six maçons & quelques matelots mulâtres pour la mer, & presque toujours cent à cent cinquante matelots négres, appartenans, partie aux femmes libres de l'isle, partie à la compagnie.

De chaque côté du fort est un grand village; celui qui est situé à gauche, se nomme le côté des chrétiennes, où sont retirées toutes les métives, métifs, mulâtres, mulâtresses, quartrons, quartronnes, & les négresses libres avec tous leurs captifs, qu'elles louent à la compagnie 6 livres chacun, par mois, pour la navigation de la rivière, pour faire de la chaux, pour couper du bois, &c. &c.

L'autre village du côté droit, se nomme Laudau; il est habité par des négres & négresses libres ou captifs, presque tous mahométans, parmi lesquels cependant il y a encore quelques chrétiens. Les femmes de cette isle en général, sont fort attachées aux blancs, & les soignent on ne peut mieux, lorsqu'ils sont malades. La plupart vivent avec beaucoup d'aisance, & plusieurs de ces négresses ont à elles trente à quarante esclaves, qu'elles louent en partie comme je l'ai déjà dit à la compagnie. Ces captifs font tous les ans le voyage de Galané, en qualité de matelots; ils en rapportent à leurs maîtresses quinze, vingt & jusqu'à trente gros d'or, provenans de la vente de deux bariques de sel, qu'on leur permet d'embarquer en forme de port permis. Avec cet or, ces femmes font fabriquer une partie en bijoux, & l'autre partie est employée à acheter des vêtemens, car elles aiment, comme par-tout ailleurs, la parure. Leurs habillemens, quoique très-élégans, leur sied très-bien. Elles portent sur la tête un mouchoir blanc fort artistement arrangé, par-dessus lequel elles placent un petit ruban noir étroit, ou de couleur, autour de la tête. Une chemise à la françoise, garnie, un corset de taffetas ou de mousseline, une jupe de même, & pareille au corset, des boucles d'oreilles d'or, des chaînes de pieds d'or ou d'argent, lorsqu'elles n'en ont point d'autres, avec des bembouches de maroquin rouge, aux pieds; par-dessus leur corset, elles portent un morceau de deux aulnes de mousseline, dont les bouts ſe jettent par-deſſus l'épaule gauche. Vêtues ainſi lorſqu'elles ſortent, elle ſe font ſuivre par une ou deux raparilles, qui leur ſervent de femmes-de-chambre, également très-parées; mais un peu plus à la légére, & un peu moins modeſtement d'après nos uſages. On s'accoutume cependant très-vîte à ſupporter la vue de ces femmes preſque nues, ſans ſe ſcandaliſer. Leurs uſages étant différens des nôtres, d'autant que par l'habitude, cette nudité ne fait pas plus d'impreſſion, que ſi elles étoient couvertes.

Les femmes eſcortées ainſi lorſqu'elles ſortent, rencontrent ſouvent un *quirion* (eſpece d'hommes qui chantent les louanges de chacun, pour de l'argent); alors il ne manque pas de marcher devant elles, en débitant à leurs louanges toutes les hyperboles qui lui viennent dans l'idée, & quelques groſſières qu'elles ſoient, ces femmes en ſont ſi flattées, que dans le tranſport qu'excitent ces adulations, elles jettent souvent partie de leurs nippes au chanteur, lorsqu'elles n'ont rien, dans leurs poches, qu'elles puissent lui donner.

Après la parure, la plus grande passion de ces femmes est pour leurs bals, ou folgars, qu'elles font durer quelquefois jusqu'à la pointe du jour, & dans lesquels on boit force vin de Palme, du *pitot*, espèce de bière, & même des vins de France, lorsqu'elles s'en peuvent procurer. La manière ordinaire d'applaudir celles qui ont le mieux dansé, est de leur jetter sur le corps une pagne ou un mouchoir qu'elles rapportent à la personne qui le leur a jetté, en lui faisant une profonde révérence, pour remerciment.

Plusieurs de ces femmes sont mariées en face de l'églife, & d'autres à la mode du pays, qui consiste en général, dans le consentement des parties & des parens. On a remarqué que ces derniers mariages sont toujours plus unis que les premiers ; les femmes y ſont plus fidèles à leurs maris, que par-tout ailleurs. La cérémonie qui ſuit ces derniers mariages, n'eſt pas tout-à-fait ſi décente, que la bonne conduite de ces femmes.

Le lendemain de la conſommation du mariage, les parens de la mariée viennent dès la pointe du jour, enlever la pague blanche ſur laquelle les époux ont paſſé la nuit. Ont-ils trouvé la preuve qu'ils cherchent? Ils attachent cette pague au bout d'un long bâton, flottant en forme de drapeau; ils la promenent tout le jour dans le village, en chantant & vantant la nouvelle mariée & ſa ſageſſe; mais lorſque les parens le matin n'en ont point trouvé la certitude, ils ont ſoin au plus vîte d'en ſubſtituer une.

La rive gauche de la rivière du Sénégal, en partant de ſon embouchure, eſt habitée par des maures arabes mahométans. On croit, avec vraiſemblance, qu'ils descendent des maures chassés jadis des Espagnes ; qu'ayant passé le détroit de Gibraltar, & suivi la côte de la Barbarie, qui étoit inhabitée, le terrein n'étant que de pur sable, ils ont arrêté leur marche à la rivière du Sénégal ; alors décidés à s'y établir, ils se sont répandus sur la rive gauche de ce fleuve, dans la longueur de cent lieues en remontant son courant.

Ils ont dû être long-temps sous la domination des négres de l'autre rive, leur foiblesse les ayant contraint de se soumettre à des tributs annuels ; mais avec le temps, leur population s'est augmentée considérablement. Ils doivent sans doute cet avantage à l'attention de n'avoir jamais vendu d'esclaves de leur nation. Séparés en différentes tribus, ils ont acquis assez de force pour dominer les négres les plus voisins, & pour leur faire la guerre avec avantage. Ces maures ne cultivent point la terre ; ce travail leur paroît bas & humiliant, &

ſi dans quelques cantons il y a des terreins cultivés, c'eſt à leurs eſclaves qu'ils le doivent; ils leur abandonnent ce ſoin, & la récolte, moyennant une redevance en grains qu'ils payent à leurs maîtres.

L'occupation de ces peuples eſt le commerce, qu'ils pouſſent auſſi loin que le pays le permet. Ils joighent à ce goût dominant, celui d'élever quantité de bétail, comme bœufs, moutons, chameaux, ânes, chevaux d'un grande beauté, (j'en parlerai ailleurs.) C'eſt au milieu de ces animaux, qui font leur principale richeſſe, qu'ils vivent dans les champs, ainſi que les anciens arabes, ſans avoir de demeure fixe. Ont-ils épuiſé les pâturages des lieux dans leſquels ils ſont campés, ils les quittent, & vont chercher des terreins qui leur fourniſſent des pâtures plus abondantes. Là, ils établiſſent des tentes, ſous leſquels ils ſe logent; ces tentes ſont faites avec le poil de leurs chameaux, bien tissu & bien serré.

Ont-ils besoin de se transporter d'un lieu à un autre, ils chargent leurs bagages sur ces animaux; ils y placent leurs femmes, leurs enfans, dans des paniers couverts, & décampent.

Ces peuples sont presque blancs, seulement un peu bazanés, tels que les saltins, les tunisiens, les algériens, & cela suivant l'état qui les expose plus ou moins à l'ardeur du soleil; car les femmes des chefs qui restent sous les tentes, sont assez blanches, & presqu'autant que nos européennes, dont cependant elles n'ont point l'incarnat & la vivacité des couleurs. Les hommes & les femmes sont vêtus à-peu-près comme les levantins.

Commerce des Maures & leur manière de vivre.

Les docteurs de leur loi, que l'on nomme chez eux *Marabates*, & que vulgairement on nomme au Sénégal *Marabouts* (à l'exception de quatre à cinq chefs appellés *Darmaneaux*) forment une classe plus élevée. Ils se sont emparés du commerce de la gomme, qu'ils vendent aux français, depuis le mois de décembre jusqu'en avril & mai. Lors de mon séjour en Afrique, ils en apportoient la quantité de huit à neuf cens tonneaux, de deux mille livres pesant chacun. Ils ont trois forêts de gommiers, où ils font cueillir cette gomme. Ces forêts sont éloignées de vingt à vingt-cinq lieues des Escalles, où l'on va traiter avec eux. Cette gomme est transportée au bord de la rivière du Sénégal, dans des toulons de cuir de bœuf bien tanné, sur des chameaux. Chacun d'eux en porte jusqu'à douze cent livres pesant.

Les arbres qui produisent cette gomme sont hérissés d'épines, & n'ont guères que sept à huit pieds de hauteur. Ils produisent aussi quelques morceaux d'encens.

Cette gomme, arrivée au bord de la rivière, se mesure dans un quintal, qui pèse environ mille livres. Elle se payoit de mon temps vingt-sept coudées de toile de coton bleu de Pondichéri, autrement nommé salem pourri. On y joignoit quatre peignes de buis & deux mains de papier. Cette toile est pour eux une marchandise si précieuse, qu'ils restent dans l'admiration lorsqu'ils en voyent déployer les pièces; ainsi que nos européens à l'aspect de l'or que ces *Marabouts* apportent quelquefois à vendre. On ajoute au prix de cette gomme quelques miroirs & bassins de cuivre, qui sont donnés comme présent. De sorte que, les frais de traite déduits, les mille livres de gomme ne coûtoient pas à l'ancienne compagnie des Indes plus de trente-six livres de notre monnoie, parce que c'étoit le tarif d'alors; mais depuis que les anglais se sont emparés du Sénégal, la concurrence des navires interlopes qui sont venus traiter dans cette rivière, ont fait monter cette marchandise dix fois au-dessus de ce qu'elle coûtoit d'abord; & quoique les français soient rentrés en possession de ce pays, il leur sera impossible désormais de rétablir le commerce de gomme, sur l'ancien tarif; parce que, par les conventions faites à la dernière paix, l'on a permis aux anglais d'aller traiter à *Portandie*, par la mer, ce qui les met à la même distance que nous, des forêts gomières, & du lieu où nous faisons commerce de cette denrée dans la rivière du Sénégal : de manière qu'il est sensible, que toutes les fois que les français voudront payer la gomme au-dessous du prix donné par les anglais, les maures porteront toutes leurs récoltes à ces derniers, & les français se trouveront, par la concurrence la mieux protégée & la plus active, absolument privés de ce commerce.

Les maures ont un autre commerce très-profitable. Il importent à plus de deux cens lieues au haut de la rivière, aux nations négres, qui vivent sur le terrein où sont les mines d'or, tout ce qu'ils ont besoin d'avoir pour la vie; des bœufs, des moutons, du millet, des pois, du sel, &c. Ce dernier article devient pour eux le commerce le plus facile & le plus avantageux qu'ils puissent faire. Ils ont des mines de sel; ils n'ont que la peine de le ramasser & d'en charger des chameaux ou des bœufs-porteurs, à qui ils percent le nez, & y passent une bride, dont ils se servent comme de celle d'un cheval.

Ils vont vendre cette denrée aux négres, possesseurs des mines; ils sont établis au-dessus de *Galom*.

Ces peuples ne connoissent point d'autres occupations que celle de faire laver la terre de leurs mines, par leurs femmes, pendant seulement deux mois de l'année. L'or que ce foible travail leur procure, suffit pendant un temps considérable, pour leur faire apporter & fournir tout ce qui leur est nécessaire. Ils n'ont besoin ni de semer, ni de recueillir pour vivre, ni de fabriquer des étoffes pour se vétir.

Comme le sel est très-rare dans ces contrées, les maures le leur vendent un prix excessif; c'est-à-dire, trois ou quatre onces d'or la barrique. Nos bateaux français leur en portent aussi; mais en moindre quantité.

Quant au menu peuple des maures, ils se bornent à un très-petit commerce. Il consiste à vendre le beurre qu'il ne peut consommer, des plumes d'autruche, des peruches, dont l'espèce n'est connue que dans ce pays. La netteté de la prononciation des mots qu'on leur apprend, les a rendues très-agréables à nos européens. Ce peuple nous vend aussi des pierres de *bezoard* & des morceaux *d'ambre gris.* Je me rappelle d'en avoir acheté deux morceaux très-considérables ; ils pesoient près de deux livres ; ils avoient été ramassés au bord de la mer. Ceux qui me les ont vendus, n'ont jamais pu me dire l'origine de ces productions. Les uns me disoient que cet *ambre* étoit détaché du fond de la mer, & poussé par les vagues sur le rivage ; d'autres m'assuroient que cette matière étoit vomie par un poisson. J'ignore si nos plus habiles naturalistes en savent davantage.

Les chevaux arabes de ces contrées sont les plus beaux que j'aie vus. Les maures qui vivent sur les bords de la rivière du Sénégal, conservent très-exactement une généalogie de leurs chevaux,

chevaux. Ils ont grand ſoin de ne les point méſallier, pour ne pas abâtardir les races renommées. Plus attentifs pour la perfection de ces animaux que nous ne le ſommes pour celle de l'eſpèce humaine; puiſqu'un noble bien conſtitué, a ſouvent la baſſeſſe de ſe marier à une fille contrefaite, parce qu'elle a des biens conſidérables.

J'ai vu vendre un de ces chevaux à un roi négre; il le paya cent captifs, cent bœufs, & vingt chameaux. En 1752, nous en avions un deſtiné pour les écuries du roi. Nous le paſſions dans le navire la Vallence, (capitaine Claſe) ſur lequel j'étois paſſager. Ce cheval auroit fait l'admiration même de ceux qui ſe connoiſſent le moins en chevaux; mais malheureuſement, nous perdîmes notre navire chargé de gomme, preſque ſous le Port-Louis. Le déſordre, qui régnoit dans le bâtiment, à l'inſtant de notre naufrage, ne laiſſa à perſonne aſſez de préſence d'eſprit pour aller couper le licol de ce pauvre animal qui étoit attaché dans l'entrepont, où il s'est noyé. Il auroit facilement nagé & gagné la terre, nous n'en étions pas éloignés de quarante à cinquante toises, lorsque nous nous perdîmes; & nous ne sauvâmes rien que l'équipage.

Les maures ont l'adresse d'apprendre à leurs chevaux une quantité de choses agréables & des mouvemens singuliers. Au dernier voyage que je fis dans la rivière du Sénégal, un homme considérable de la nation, informé que je remontois le fleuve à la cordelle, vint au-devant de moi avec dix ou douze de ses amis tous montés sur des chevaux arabes de toute beauté. Arrivé devant mon bateau & à portée de nous parler, il fit ranger sa petite troupe sur une seule ligne, ensuite sans aucun mouvement apparent des cavaliers qui les montoient, les douze chevaux me firent d'abord tous ensemble trois saluts de la tête; ensuite, avec la même préciſion, ils mirent tous le genou droit en terre, enſuite le gauche; & enfin les deux enſemble, ils finirent par les trois ſaluts de la tête comme ils avoient commencé. Après cette cérémonie, les cavaliers vinrent à mon bord recevoir quelques petits préſens d'uſage.

Les maures de ces contrées ſont tous d'excellens cavaliers. Ils montent les jambes courbées preſqu'à la houzarde; mais ils ſont ſi fermes ſur leurs chevaux, que je les ai vus pluſieurs fois courir au grand galop, ventre à terre, & ajuſter derrière eux un coup de fuſil avec autant de juſteſſe que s'ils avoient tiré devant eux & poſément.

Ces peuples ſont très-ſobres & vivent de peu de choſes. Leur nourriture cependant n'eſt pas toujours la même; ceux qui ſont riches en beſtiaux font mettre, pluſieurs fois l'année, quelques bœufs en *machoirant*; c'eſt-à-dire, que le bœuf étant tué, ils enlèvent toute la chair de deſſus les os, ils la coupent par lanières un peu plus grosses que le pouce; ensuite, pour la conserver, ils la trempent une seule fois dans une eau salée, & la font sécher après à l'ardeur du soleil le plus brûlant, pendant cinq à six jours. Alors cette viande devient séche & dure, de la forme d'une corde; elle se conserve, dans cet état, un an & plus. Lorsqu'il ont besoin de s'en servir, ils en mettent des parties en poudre & la font cuire dans de l'eau. Cela leur sert de nourriture dans leurs voyages; ils en font aussi un bouillon qu'ils boivent lorsqu'ils sont malades. Ils en trempent une farine de millet, cuite & préparée, ce qui fait un repas assez nourrissant; mais cette provision n'empêche pas ceux qui sont opulens de manger souvent de la viande fraîche & particulièrement des moutons & des agneaux, qu'ils font cuire d'une manière assez singulière.

Après avoir fait écorcher un mouton ou un agneau, & retirer les intestins, ils le saupoudrent de sel & l'enveloppent dans sa même peau. Ensuite, ils font un trou en terre proportionné à l'animal qu'ils veulent faire cuire. Ils y allument un grand feu; une heure après, ils en retirent une partie de terre chaude, & placent l'animal dans le trou sur lequel ils jettent cette même terre chaude & sept à huit pouces de froide, sur laquelle ils allument un très-grand feu, jusqu'au moment où ils croyent leur viande cuite.

Alors, ils la retirent du trou, en jettant dehors la peau qui sert d'enveloppe. Ils reçoivent le jus de la viande dans des gamelles; ils la mangent ensuite avec leur famille.

Je me rappelle qu'un jour, entraîné par l'ardeur de la chasse, fort loin de l'endroit que j'habitois, égaré avec mes deux jeunes négres-domestiques, chargés de gibier, mourant de faim, & très-fatigué, je rencontrai deux maures, dont l'un étoit de ma connoissance.

Chacun d'eux étoit chargé de deux gros poissons qu'ils portoient à leur habitation, que les français nommenr *gâdes*. Je leur demandai mon chemin, en leur marquant mon empressement de me rendre à mon bateau pour appaiser la faim qui commençoit à me tourmenter. Ils me proposèrent de me reposer dans le bois, & d'y manger un morceau de leurs poissons. Je regardai cette proposition comme une plaisanterie, puisque ces poissons n'étoient pas cuits; mais bientôt ils me donnèrent des preuves de la possibilité où ils étoient de me faire profiter de leurs offres obligeantes. L'un d'eux se mit à faire un trou en terre, l'autre battit le briquet, mes négres ramassèrent du bois sec, & firent grand feu, comme il vient d'être expliqué ci-dessus, pendant lequel temps, un de ces deux maures leva la peau de ces gros poissons depuis le ventre jusque sur l'épine du dos, auquel il laissa la peau attachée; ensuite, il les vuida, il les saupoudra de sel, remit la peau par-dessus, leur coupa la tête, & en boucha le trou avec une poignée d'herbes pour empêcher le jus d'en sortir. Ils les firent cuire de la même manière que leurs moutons, & puis ils me servirent ce mets sur des grandes feuilles de latamier, & je trouvai cette manière de faire cuire le poisson excellente.

La seconde classe des maures, moins riches que ceux dont je viens de parler, vit plus misérablement. Les uns délayent & font fondre la gomme dans du lait; d'autres font cuire un peu de farine de millet préparé, que nous nommons *couseou*, & ils la mangent avec un peu de beurre. Ils ne répugnent même pas à manger des sauterelles séchées, en y mettant du beurre. Ils font encore grand cas des *dattes*; mais les riches seuls peuvent s'en procurer facilement.

Je crois avoir assez parlé des maures, pour que cela serve d'introduction à l'histoire principale des parties de la Nigritie connue.

DE LA NIGRITIE.

NOUS avons dit que la rive gauche de la rivière du Sénégal étoit habitée par les maures arabes, & la rive droite par un peuple de négres d'un très-beau noir, nommé *Jolof*, sous la domination du roi d'*Hamet*, qui commence à la pointe de la rivière, à une ou deux lieues au-dessus de son embouchure; les peuples sont sous la domination du roi Brack, qui gouverne le pays Doual, & qui fait sa demeure à trente-six lieues ou environ du Sénégal. Ces peuples, quoique sous une domination différente, parlent la même langue, & ont les mêmes mœurs. Les rois de ces deux pays, étoient anciennement gouverneurs & sujets, sous un troisième roi, dont le pays est situé à-peu-près à cinquante lieues du Sénégal, au haut d'un lac, nommé le lac *panier-foulles*. Ce souverain se nomme *Bourba Jolof*, qui signifie souverain des deux pays. Ce nom lui étoit donné avec plus grande raison, avant que le roi *Brack* & le roi d'*Hamet*, jadis ses sujets, eussent trouvé le moyen de se soustraire à l'autorité légitime de leur maître, & de se faire reconnoître rois du pays qu'ils gouvernent aujourd'hui. Tout ce que j'écris, date depuis 1740, jusqu'à l'année 1752. Tout cela fait que les peuples de ces trois pays ont conservé la même langue, les mêmes mœurs, & à-peu-près la même religion.

Je commencerai par décrire le pays de *Brack*, parce qu'il est situé en remontant la rivière du Sénégal, qu'il est essentiel de parcourir jusqu'à *Galam*; je donnerai la description de ses mines d'or, lorsque je serai à cet article. Et après avoir donné la relation de cette rivière, pour ne point confondre les pays, je reprendrai ma relation à la pointe de la rivière du Sénégal, où commence le pays du roi d'*Hamet*, pour ſuivre enſuite toute la côte, juſqu'à celle d'*Angolle*, après laquelle on trouve un pays inhabité, le long des côtes, preſque juſqu'aux environs du cap de Bonne-Eſpérance, ou de nouveaux peuples nommés *Hottentots*. Ils n'ont rien de commun avec l'hiſtoire de la Nigritie.

Je reviens aux peuplades qui habitent près de la rivière du Sénégal. L'iſle qui porte ce nom, eſt ſituée, comme on l'a dit, à deux lieues de l'embouchure de ce fleuve; elle eſt rentrée à la paix dernière, ſous la domination françaiſe. Cette iſle a toujours été le chef-lieu de la conceſſion, qui commençoit depuis le Cap-Blanc, juſqu'à *Seralionne*.

J'ai dit que la rive droite en remontant la rivière, appartenoit au roi Brack, juſqu'à la diſtance de quarante à quarante-cinq lieues environ du Sénégal. En total, c'eſt un petit pays aſſez pauvre, qui, en partant des bords du fleuve, s'étend peu dans les terres, & qui ne s'eſt anciennement ſoutenu que par la bravoure de ce peuple; il eſt aujourd'hui vexé par les maures, & ce qui en eſt cauſe, c'eſt le peu de ſoins qu'on a mis à les protéger.

Les femmes ſont belles & bien faites, d'une intelligence ſingulière. Elles apprennent avec la plus grande facilité, ainſi que celles du pays de *Cayor* & de *Bourba-Yolof*. Cette aptitude à concevoir aiſément, les fait eſtimer de nos habitans de l'Amérique, au point que le petit nombre qu'on leur en porte, ſe vend 20 ou 30 piſtoles au-deſſus du prix des femmes des autres contrées. Elles ſont effectivement ſi ſuſceptibles d'inſtruction, que peu de mois après leur arrivée à nos iſles de l'Amérique, elles ſavent coudre, parler français & ſervir comme nos domeſtiques européens; auſſi les dames créoles ne manquent pas d'en faire leurs femmes-de-chambre. Quant aux hommes, ils ſont plus propres à la chaſſe & à la pêche, qu'à toute autre choſe.

Il ſe fait ordinairement très-peu de captifs dans ce pays, non-ſeulement parce qu'il a peu d'étendue & qu'il eſt médiocrement peuplé ; mais encore parce que le chef n'oſeroit faire ouvertement des enlevemens de ſes ſujets, ſans riſquer de révolter ſon pays. Il n'a donc de revenu que quelques légers tributs que lui payent annuellement les villages. Joignez-y ce que les français ont coutume de lui payer, & quelques préſens qui lui ſont faits dans le courant de l'année. Cela lui ſert à entretenir une très-petite & très-miſérable ſuite, qui eſt ſi familière avec lui, que ſouvent l'un d'eux lui retire de la main un verre d'eau-de-vie pour en boire la moitié.

Par ce récit, il eſt aiſé de juger que ce pays n'eſt pas fort riche. Cependant, ſes habitans ſe nourriſſent aſſez bien.

Manière dont les négres Yolof, ſujets du roi Brack, cultivent la terre.

LES terres n'ont point de propriétaire abſolument fixe. Chacun prend du terrein ce qu'il veut en employer, mais toujours le plus proche qu'il peut de ſa caſe; ſi toutefois ce terrein n'eſt point occupé. Les plus laborieux enſemencent des grains, non-ſeulement pour leur propre conſommation, mais encore pour en vendre aux blancs, & aux gens du pays qui en ont beſoin. Leur principale récolte eſt celle du gros & petit *millet*, & celle du *maïs*, ou bled de Turquie.

Leur manière de préparer la terre ne les oblige pas à un grand travail. Un mois avant la ſaiſon des pluies, qui commencent à la fin d'avril ou au commencement de mai, ils mettent le feu dans la campagne, aux pailles reſtées de l'année précédente. Ayant séché au soleil ardent, elles brûlent très-promptement, & laissent après avoir été brûlées, une cendre sur la terre, très-propre à la fumer. Les pluies viennent ensuite, alors tous les négres, les négresses & les enfans, sortent de leurs cases. L'homme avec une espèce de petite pioche, ouvre d'un seul coup un petit trou dans la terre, une femme derrière lui avec une pague autour d'elle, en forme de tablier, remplie de grains, en prend dans sa main, qu'elle laisse tomber dans le trou qui vient d'être ouvert devant elle ; & derrière cette femme, est un négrillon ou une négrette, qui recouvre de terre avec le pied, le grain qui vient d'être versé.

C'est ainsi que ces trois personnes marchant toujours en avant, ensemencent leurs terres d'un vîtesse étonnante. Comme les haricots rouges viennent très-bien chez eux, souvent ils en sèment de la même manière dans les intervalles de de leur *maïs*, qu'on nomme en France bled de turquie. Lorſqu'ils coupent les récoltes de ce grain, au bout de ſoixante ou ſoixante-dix jours, les haricots ſe trouvent en fleurs, alors dégagés du maïs qui les étouffoit; cette nouvelle production mûrit à ſon tour, & un mois après; ils en font la récolte.

Le travail d'enſemencer leurs terres n'eſt pas celui qui doit leur coûter le plus; il eſt queſtion pour eux de préſerver cette récolte, chacun pour le canton qu'ils occupent, des ravages que peuvent faire les oiſeaux, les éléphans, les ſangliers & les ſinges. Pour s'en garantir autant qu'ils le peuvent, lorſque le grain veut entrer dans ſa maturité, ils ſont obligés d'élever pluſieurs petites plates-formes de piquets attachés les uns aux autres, de la hauteur d'environ ſix pieds, placés à différentes diſtances dans toute l'étendue de la pièce de terre enſemencée, nommée *lougans*.

Ils font monter sur ces élévations des femmes & des enfans, & chaque fois qu'il paroît un nuage d'oiseaux prêts à tomber principalement sur le gros mil qui pousse en grappe, ils s'efforcent de faire des cris aussi perçants que si on les égorgeoit. La nuée d'oiseaux s'effraye & fuit pour aller se reposer à deux cens pas plus loin, ou dans une autre pièce de terre ensemencée, où elle est reçue par d'autres crieurs, comme la première fois; on tire quelquefois des coups de fusil pour les effrayer davantage; ces oiseaux volent de pièce en pièce, sans savoir où se percher. C'est un spectacle très-amusant d'en voir une si grande quantité rassemblés; mais comme ils s'accoutument peu à peu à ces cris, ils s'en effrayent moins à la longue, & attrapent toujours quelques béquetées de grain en passant.

Dans les endroits où ces oiseaux sont en trop grande abondance, les négres ſont obligés d'avoir la patience d'envelopper chaque grappe de mil, d'une poignée de paille froiſſée, pour empêcher leur récolte d'être dévorée. Ces oiſeaux ne ſont pas les plus grands ennemis qu'ils ayent à craindre; les ſangliers & encore plus les éléphans, leur cauſent dans une ſeule nuit, un dégât qu'on auroit peine à croire. Trois ou quatre de ces animaux tombent de nuit dans un vaſte champ prêt à être récolté, & n'y laiſſent preſque rien; tant par la quantité énorme qu'ils mangent de grains, que par ce qu'ils en écraſent avec leurs larges pieds, dont l'empreinte a ſouvent plus de quatre pieds de circonférence.

Le ſeul moyen de ſe garantir de ces animaux, moyen ſouvent infructueux en partie, eſt d'allumer des feux la nuit autour de leurs pièces de terre prêtes à être récoltées. Encore faut-il que ces terres ſoient peu éloignées des bois, pour se procurer de quoi faire le feu dont ils ont besoin.

Enfin, malgré les risques que certaines pièces de terres ont à courir, les négres de cette nation récoltent beaucoup de grains. Ils en receuilleroient bien davantage encore, s'ils étoient moins paresseux. Ceux qui le sont plus, ne travaillent exactement que pour leur propre consommation de l'année, souvent même la récolte qu'ils font, est insuffisante. Ceux au contraire qui sont laborieux, ensemencent autant de terre qu'ils le peuvent, & vendent aux blancs du Sénégal, tout ce qu'ils ont au-delà de leur consommation annuelle. Du produit de cette vente, ils s'en procurent les marchandises qu'ils convoitent le plus, comme du fer plat, en barre, eau-de-vie, toile de coton bleu, autrement *salem pourie*, bassins de cuivre, couteaux flamands & verroteries pour leurs femmes.

Manière dont les négres du pays Doual, *dont il vient d'être parlé, ainsi que ceux du pays de* Cayor *& du royaume des* Foulles *se nourrissent, & la manière dont ils apprêtent leur nourriture.*

La principale nourriture des négres yotof est celle qu'ils nomment raquéré, & que les français du Sénégal nomment cousćou. Sans ce mêts, ces peuples croiroient n'avoir point dîné, quelque bonne chose qu'on leur servît à la place.

On auroit peine à s'imaginer le travail qu'exige la préparation de cet aliment, qui paroît si simple à la vue & au goût. Voici comme il se prépare.

D'abord, dans un mortier de bois profond de quinze à dix-huit pouces, avec un pilon de cinq pieds de long, grossi par les deux bouts, une femme pile la quantité de gros ou de petit mil qui lui est nécessaire pour nourrir son monde. Lorsque ce grain est concassé, elle sépare le son d'avec la farine, de la manière suivante ; elle met à terre un panier ou un morceau d'étoffe pour recevoir le son ; elle prend à plusieurs fois sur un couvercle de panier une portion du grain qui a été broyé ; alors elle incline le couvercle du panier doucement, elle verse de sa hauteur le grain au-dessus du morceau d'étoffe qu'elle a mis à terre, toujours exposée au vent ; il emporte le son à deux ou trois pieds, & la farine plus pesante tombe presque d'à-plomb dans le morceau d'étoffe que cette femme a mis à terre. Ce travail réitéré deux fois, le son se trouve absolument séparé de la farine ; c'est une espèce de *vanage*. La femme ramasse ensuite sa farine, la met dans une grande gamelle de bois très-propre, assez-bien travaillée ; elle allume du feu entre trois pierres, qui lui servent de trépied ; elle y pose un pot de terre rempli d'eau, dans lequel elle fait cuire, soit un morceau de viande, soit une volaille, ou une poule pintade, ou enfin du poisson frais ou sec, suivant les facultés de son maître. Pendant que la cuisson se fait, la cuisinière revient à sa gamelle de farine, sur laquelle elle verse un peu d'eau; après quoi elle broye cette farine à tours de bras très-long-temps, & jusqu'à ce que bien broyée elle prenne la forme de graine de moutarde. Elle met alors cette préparation dans un autre pot de terre, percé de petits trous dans le fond ; elle met ce pot par-dessus celui dans lequel se fait le bouillon de viande, ou de poisson, de manière que c'est la vapeur du bouillon qui cuit la farine mise dans ce second pot. On doit regarder cette cuisson faite comme au *bain-mary*. Elle est versée toute chaude dans une gamelle bien propre, la cuisinière verse par-dessus cette farine le bouillon de son premier pot, le couvre un quart-d'heure pour faire gonfler sa préparation, & met dans une autre gamelle la viande ou poisson qui a servi à faire le bouillon; elle présente ces deux gamelles aux convives, qui viennent se placer à terre, en rond, sur des nattes, autour de ce qui est servi.

Une ou deux négresses leur présentent des *couys*, qui sont la moitié d'une *calbasse* coupée en deux, remplie d'eau claire, avec laquelle chacun se lave la bouche avant de manger, & ensuite la main droite, qui est la seule dont ils se servent pour les choses qui exigent la propreté. Ils mangent avec cette même main, ne connoissant pas l'usage des cuillers. Après s'être rassasiés, on présente une seconde fois de l'eau aux convives, pour se laver la bouche & la main. A la suite du repas, on sert un pot de vin de *palme*, dans les endroits où il y a des palmiers, ou du pitot dans les lieux où ils manquent. Cette dernière boiſſon eſt une eſpèce de bière faite avec du maïs bouilli & fermenté, dans laquelle on ajoute un fruit qui l'adoucit.

Quant au vin de *palme* (il y en a de pluſieurs eſpèces;) il ſe tire du haut de l'arbre nommé *palmiſter.* Les négres y montent, avec une ceinture autour du corps, & très-leſtement, font une ſaignée dans le tronc de l'arbre; ils y font entrer une feuille ployée en forme de goutière, par où dégoute le vin de palme, dans un pot de dix à douze pintes qu'il place deſſous. Ce pot ſe trouve preſque toujours rempli dans les vingt-quatre heures; ils le vont chercher plein, & le deſcendent comme ils l'ont monté vuide. C'eſt de ce vin qu'ils boivent à la fin du repas, avec lequel ſouvent ils s'enivrent, quand cette liqueur a été gardée deux ou trois jours.

Cependant chacun fume ſa pipe, fait la converſation & rapporte les anecdotes du jour. C'eſt ainſi que ſe fait le repas principal des négres, qui sont assez riches pour cela.

Quant au déjeûner, il exige moins d'apprêts. On fait cuire tout simplement la farine de *mil* ou *maillé*, dans de l'eau qu'on verse dans une gamelle. L'on y jette du beurre qui fond aussi-tôt, & après l'avoir broyé dans la pâte, on verse du lait aigre ou doux, avec le jus du fruit d'un arbre nommé calbasie, qui produit un aigrelet très-agréable au goût. Ce déjeûner se nomme en français *sanglet*, & en négre *laclalot*.

Le souper est quelquefois tel que le dîner; & quelquefois tel que le déjeûner, suivant l'opulence de l'habitant.

De la langue des peuples Yolof.

LEUR langue eſt une des plus jolies de la Nigritie. Dans bien des occaſions, elle perdroit d'être rendue en français. Quand les négres ſe rencontrent, ils ſe ſaluent en ſe prenant la main ; ils ont trois mots qui diſtinguent le bonjour du matin, celui de l'après-midi & celui du ſoir. Le matin ils diſent : *Déraguéo, jâmeça, ſabaye quiam ſendeille, ſaguia-baze ſa dome guiam*. Ce qui ſignifie : bonjour ; comment te portes-tu ! Ton père, ta mère, ta femme, tes enfans ſe portent-ils bien ? L'après-midi, avec le même compliment, au lieu du mot *déraguéo*, qui ſignifie bonjour du matin, ils y ſubſtituent celui de *deraguendo*, qui eſt le bonjour de l'après-midi ; & pour le ſoir, celui de *deraguenqu'oo*.

Leurs expreſſions dans leurs ébats

amoureux, sont d'une énergie & d'une force que notre langue ne pourroit rendre, & comme la décence pourroit être blessée même dans les périphrases dont on pourroit se servir pour les adoucir, on croit devoir se dispenser d'en donner des exemples.

La plus grande injure que ces peuples puissent se dire, c'est de nommer par leur nom les parties naturelles de leur père & mère, & grand-père, & gand'-mère, dont la mémoire leur est infiniment respectable; & lorsqu'ils en sont venus au point de s'injurier de cette manière, il est fort rare que la dispute se termine sans qu'il y ait du sang de répandu, & les agresseurs sont obligés de payer ce sang au roi du pays.

Vêtemens des hommes & des femmes.

LORSQUE les hommes ſortent de chez eux, ils portent une culotte large à grands plis, & ſur le corps, ils ont une eſpèce de robe coupée en chaſuble, avec de grandes manches pliſſées. Ils ſont ſans manches quand ils vont à la guerre. Par-deſſus cette robe, ils ſe ceignent le corps d'un *gargouſſier*, dans lequel ils placent douze à quinze cartouches; mais lorſqu'ils ne ſortent point, & pour être plus à leur aiſe, ils ſe contentent d'une pague de coton fabriquée chez eux, & d'environ une aune & demie ou deux aunes. Quelquefois même, ils ſe couvrent le corps d'une ſeconde pague, de même grandeur, dont ils relèvent le bout ſur l'épaule gauche.

Les femmes sont plus recherchées dans leur parure, & ont, comme partout ailleurs, leur espèce de coquetterie. Leur premier ornement caché, est autour des reins; ce sont dix à douze rangs de vérotteries les plus fines qu'elles puissent se procurer, ce qui forme un cliquetis en marchant. Lorsqu'elles en ont beaucoup, elles annoncent ainsi aux amateurs un ornement caché. Ceux qui sont à découvert, sont une paire de chaînes d'argent ou d'or à chacun des pieds, sous lesquels elles portent des sandalles; & à chaque main, une paire de *meuilles* d'or, suivant leur opulence, en forme de bracelets. Des boucles d'or aux oreilles, les plus fortes qu'elles peuvent avoir, & soutenues par un fil sur la tête, pour ne se point déchirer les oreilles. Le dessus de la tête est rasé, le chignon derrière frisé par petites boucles roulées avec de gros brins de paille, de la longueur de deux ou trois pouces; & autour de la tête, ſur le deſſus, un petit fichu de ſoie ou de toile fine, roulé en forme de couronne.

Les jeunes filles des chefs, qui ne ſont pas mariées, depuis douze ans jusqu'à ſeize, portent un dac. Ce dac eſt composé de pierres de corail les plus groſſes qu'elles peuvent avoir, & des *mortandes* d'or ou d'argent entremêlés, de la groſſeur d'une noiſette, le tout enfilé d'un gros fil de coton. Ce dac ſe paſſe par le col & ſe place ſur les épaules de la jeune négreſſe; il retombe par-devant ſous le ſein, en ſe croiſant ainſi que par-derrière. Satiſfaite de cet ornement, elle ne ſe couvre que d'un ſeul petit morceau d'étoffe paſſé autour des reins; il tombe juſqu'à mi-jambe, & le reſte du corps eſt nud, pour n'en point cacher la beauté, & les joyaux dont elles cherchent à l'orner.

C'eſt ainſi vêtues, que les jeunes créoles du Sénégal viennent ſervir leurs maîtreſſes à table, lorſqu'elles ſont invitées les jours de feſtins, à venir manger à la table des blancs.

Manière

Manière des enterremens négres de toute la rivière.

LORSQU'UN homme ou une femme meurt, on cherche d'abord ceux destinés à faire les pleurs. Ce sont des femmes louées qui, le plus souvent, ne connoissent pas le défunt. Celles qui dans cet emploi marquent par leurs cris & leurs lamentations, le plus de douleur, sont les mieux, elles sont à la tête du convoi & de la famille : lorsque le défunt est conduit pour être mis en terre, la cérémonie achevée, ces femmes reviennent en faisant des hurlemens à la porte de la case, & en présence de la femme qui vient de perdre son mari. Elles n'interrompent leurs pleurs & leurs cris, que pour faire l'éloge du défunt, & celui de la veuve ; après quoi, elles entrent dans la case, recevoir les complimens de la famille & des assistans, de ce qu'elles ont bien joué leur rôle, & elles boivent autant d'eau-de-vie qu'on veut bien leur en donner. Ces pleurs durent au moins huit jours, pendant lesquels elles se rendent chaque jour au soleil levant & au soleil couchant, autour du tombeau du défunt, où elles recommencent leurs lamentations, disant au défunt : pourquoi es-tu mort. N'avois-tu pas des femmes, un cheval, des pipes & du tabac ? Et cela finit toujours par venir recevoir leur paiement.

Pendant les huit jours que dure cette comédie, les parens de la femme veuve & toutes ses amies, s'emparent d'elle, ne la quittent pas d'un moment, c'est pour faire diversion à sa douleur. Chacun fait apporter son plat d'heures en heures, avec du vin de palme, de l'eau-de-vie, chacun mange & boit, & recommence à l'arrivée d'un autre plat des convives.

Du royaume des Foulles.

LE pays des Foulles commence immédiatement après celui du roi *Donât*, dont il vient d'être parlé. Il a beaucoup plus d'étendue que ce dernier, puisqu'il confine dans le haut de la rivière *des deux rives*, jusques près de Galam; il est aussi beaucoup plus grand que celui du roi *Brack*. *Siratique-Conco* en est le souverain. Ce pays étoit autrefois si peuplé, que sans effort il auroit été facile à ce roi de tenir les maures dans une entière dépendance, & de les assujettir à lui payer un tribut; mais cette nation molle, sans vigueur & sans courage, s'est toujours laissée battre par des forces très-inférieures.

Toujours pillés & emmenés en captivité, le nombre de ces peuples a considérablement diminué. Il est réduit dans une espèce de dépendance sous les maures.

Ces négres sont beaucoup moins noirs que ceux du bord de la rivière. Ils sont presque rougeâtres, quoiqu'ils habitent un pays plus chaud que celui du bord de la rivière, & quoiqu'ils soient alimentés de la même nourriture que ces derniers.

J'ose présenter ici, au lecteur, les réfléxions suivantes, sur la cause des différentes couleurs des hommes qui habitent le globe. Ces réfléxions, je les ai déjà fait insérer dans le mercure de France, en 1786, & je les rapporterai sans y rie n changer.

Réflexions sur la cause & la différence des couleurs des hommes qui habitent notre globe.

Il y a des auteurs très-savans, qui ont avancé comme une chose certaine, que les différentes couleurs des hommes qui habitent le globe proviennent de la qualité de la nourriture & de la chaleur du climat; mais par les réfléxions suivantes, cette opinion ne paroît pas difficile à détruire.

Le pays qu'habitent les négres en Afrique commence au Niger, ou rivière du Sénégal, située par les 15 degrés nord. La rive gauche est habitée par des maures arabes, & la rive droite par une nation négre, naturelle du pays, nommée *yolof*. Ce peuple est du plus beau noir que je connoisse. Les maures, au contraire, qu'on soupçonne avoir été jadis chassés des Espagnes, sont de la couleur des *algériens*, *saletins*, *tunisiens*, &c. c'est-à-dire, un peu plus bazannés que les européens. Cependant ils habitent ce pays depuis près de deux cens ans, & peut-être plus; ils n'ont pas noirci, ni changé de couleur.

En montant dans cette même rivière du Sénégal, & à environ soixante lieues de son embouchure, on trouve une autre nation, naturelle au pays, nommée les *foulles*. Elle est rougeâtre, & presque de la même couleur que les caraïbes de Saint-Vincent en Amérique; cependant, il fait plus chaud chez les *foulles*, & à Saint-Vincent, que chez les *yolofs*, qui sont les hommes de l'Afrique qui ont la peau la plus noire. Ils se nourrissent pourtant des mêmes alimens que les foulles, dont la nourriture consiste en farine de millet, de bled de Turquie préparé, du poisson, des poules, du bœuf & du laitage. Ainsi, ce n'est ni à la chaleur du climat, ni à la nourriture qu'il faut attribuer la noirceur de cette espèce d'hommes, & les observations suivantes en seront de nouvelles preuves.

Gorée, & la terre ferme qui est par son travers, & qui n'en est éloignée que de trois quarts de lieue, sont situés par les 14 degrés 14 minutes de latitude nord. Les peuples qui habitent ce pays sont encore des *yolofs*, très-noirs, sous la domination du roi d'*Hamet.* Par cette même latitude est située l'isle de la Martinique, où il fait aussi chaud qu'aux environs de Gorée & du Sénégal. Les blancs créoles y sont cependant établis depuis près de cent cinquante ans; ils n'ont pas dégénéré, puisqu'ils ont le même teint que les européens. Les noirs qu'on y a fait passer de l'Afrique n'ont pas éprouvé de variation, même dans leurs descendans nés dans l'isle, & cela pendant plusieurs générations, puisqu'ils ont tous la même couleur que leurs peres.

Les naturels de l'isle, qui ont le teint couleur de cuivre, les cheveux longs comme les sauvages de Saint-Vincent, n'ont pas éprouvé non plus de changement dans leur couleur. Voilà trois especes sur le même sol, qui ont une nourriture commune, & qui ont resté constamment les mêmes.

Depuis la côte de Guinée jusqu'à la côte d'Angolle, où les portugais ont des établissemens, ils ont conservé leur couleur sans variation. Si de la côte d'Angolle, on passe en Amérique, par la même latitude, on y trouve les mêmes portugais, épars dans différentes villes, occupés à la culture des terres, des mines d'or, & autres travaux, qui les exposent en plein jour à la rigueur des plus grandes chaleurs; & ils n'ont pas dégénéré, & ils sont toujours semblables aux portugais européens.

L'auteur des recherches philosophiques sur les américains, pour donner plus de poids à son opinion, a avancé dans ſon livre, que dans différens endroits de la côte d'Afrique on trouvoit des portugais qui étoient abſolument devenus négres. Comme il n'a pas vu le fait par lui-même, & qu'il a écrit ſur les mémoires qu'on lui a donnés, nous nous permettrons de lui dire qu'on l'a trompé, quoiqu'il ſoit très-vrai qu'il y a quelques négres portugais à cette côte, particuliérement au Biſſeau : mais la vérité eſt qu'ils proviennent tous de quelques captifs affranchis que les portugais ont laiſſés dans ce pays, lorſqu'ils y avoient des comptoirs. De manière que cette ſorte de négres eſt en ſi petit nombre, qu'on pourroit les compter dans deux ou trois petits villages; ils ont conſervé la langue de leurs anciens maîtres, ainſi que la religion chrétienne, qu'ils ont entiérement défigurée.

On trouve dans les différens établiſſemens européens quelques-uns de ces négres affranchis, qui s'étant unis à des mulâtres ou à des métis, ont eu des ensans participant plus ou moins des deux couleurs, quelquefois tenant plus du père, & quelquefois plus de la mère; mais ce n'est plus un phénomème, c'est une marche constante dans la nature, & ces productions tiennent toujours du germe qui apporte ces différens mélanges.

Les Indes orientales sont habitées par cinq à six peuples différens. Les uns sont aussi noirs que les négres les plus noirs d'Afrique; d'autres avec des cheveux longs, tels que les lascans, sont de couleur de cuivre plus ou moins foncée; d'autre simplement bazanés, comme les arabes, & d'autres enfin presque blancs, & souvent par les mêmes latitudes, sous la même chaleur, & se nourrissant des mêmes alimens.

Il semble donc que d'après ces observations, on ne peut pas attribuer la cause de la noirceur des négres à la chaleur, ni à la nourriture; que c'est un secret de la nature, & que l'envie de tout expliquer a fait établir un ſyſtême que les obſervations précédentes détruiſent entièrement.

Si la religion ne nous apprenoit pas indubitablement que nous deſcendons d'un ſeul homme, on croiroit volontiers que, de même que des chiens & des perroquets, Dieu a créé en même-temps pluſieurs eſpèces d'hommes.

Des négres blancs.

Il n'y a point de négres blancs rassemblés en corps de nation. Le peu qu'on en trouve à la côte de Guinée est en si petit nombre, que ceux qui ont séjourné long-temps dans ces contrées n'ont connu que deux ou trois endroits où ils ont eu connoissance de cette bizarrerie de la nature, au *Bisseau* & dans le haut du pays de *Galam*, où un père & une mère très-noirs avoient eu ensemble quatre à cinq enfans blancs vivans. On nous en a envoyé un de Galam au Sénégal, qui vivoit encore en 1750, & qu'on a occupé avec les ouvriers charpentiers. Ce négre blanc, comme tous ceux de sa sorte, étoit très-hideux. La peau d'un blanc de plâtre, blafarde & fort rude, les yeux troubles, les cheveux en laine, presque rougeâtre, & au rotal, fort laid. Cet homme étoit d'ailleurs dans une espèce de stupidité, quoiqu'il fût parvenu à parler un peu français, & à travailler de son métier.

Je reviens présentement à la description du pays des foulles. Ces peuples parlent une langue très-douce, très-facile à prononcer; mais moins précise, & moins énergique que celle des *yolofs*. Le pays est beau & excellent, on en tireroit beaucoup d'avantages, s'il étoit plus peuplé & mieux cultivé.

L'indigo, le coton y viennent naturellement en abondance sans la moindre culture, ainsi que dans le pays du roi *Brack*: les négres en font usage pour leur besoin, lorsqu'ils veulent teindre leurs pagnes en bleu clair, ou bleu de roi; ils ne font autre chose qu'aller couper dans les champs ce qu'ils en ont besoin; ils la hachent menu & mettent cette plante pourir dans un pot avec de l'eau; ensuite ils la retirent, la paîtrissent en grosses boules, qu'ils font sécher plusieurs jours pour s'en servir au besoin.

Alors ils mettent ces mêmes boules bouillies dans de l'eau, & y laissent tremper leurs pagnes plusieurs jours, & à plusieurs reprises suivant la teinte plus ou moins foncée qu'ils veulent donner à ce coton, ou à l'étoffe ; ensuite il les font sécher.

Quant au coton, ils n'ont que la peine de l'aller ramasser dans les champs où il vient tout naturellement. Les femmes le filent & les hommes en font des pagnes, & ils font commerce du superflu ainsi que de la récolte de leurs grains. De plus, ils cultivent une grande quantité de tabac. Ce tabac est d'une qualité supérieure à tous ceux que j'ai connus ; néanmoins, comme ils n'en usent point en poudre, ils ne sont point dans l'usage d'en faire des carottes ; ils le préparent seulement pour être fumé ; en brûlant dans la pipe, il répand une odeu raussi agréable que les autres tabacs en répandent souvent une désagréable.

Aussi les hommes & les femmes, & mêmes les enfans, fument-ils du matin au soir.

Sa culture est très-simple. La voici : les négres *foulles* qui demeurent dans tous les villages, situés peu éloignés du bord de la rivière, sèment aux premières pluies de mai, autour de leur case, beaucoup de graines de tabac ; & à la fin de novembre, lorsque les eaux de la rivière se sont retirées, elles laissent sur les bords un limon très-gras, qui reste humide long-temps après. Alors ils viennent transplanter dans ce limon ce qui est levé de tabac, qui prend très-vîte & pousse avec vivacité ; enfin, lorsqu'ils le croyent suffisamment mûr, ils le coupent & l'emportent dans leurs cases, pour l'y faire sécher, & le mettre ensuite dans des *toutons* ou sacs de cuir, dans lesquels ils le vendent.

Ce pays est rempli d'une quantité prodigieuse d'animaux sauvages & carnassiers, de toutes les espèces, & de plusieurs même inconnus ailleurs. Les plus nombreux, sont les éléphans, les lions, les tigres, les chats-tigres, les ânes sauvages, &c. On rencontre les éléphans par bande de quinze ou vingt ensemble, particulièrement le soir & le matin, lorsqu'ils viennent boire & se baigner dans la rivière. La rencontre de ces animaux, dans les chemins, n'est pas dangereuse lorsqu'on ne les attaque pas; à moins qu'on n'ait le malheur de se trouver au débouché d'un bois très-près d'une femelle qui a son petit; alors, il est très-rare qu'elle ne vienne pas sur l'homme ou la femme qu'elle apperçoit; elle l'enveloppe de sa trompe, & le serrant, le jette en l'air. Il retombe à terre mort, plus pour avoir été étouffé par le serrement de sa trompe, que par la chûte.

Un matin, à la pointe du jour, j'ai vu une femme venir puiser de l'eau à la rivière, dans un endroit un peu escarpé, où elle trouva malheureusement pour

pour elle, un éléphant femelle avec son petit. Aussi-tôt que cet animal la vit, elle l'entoura de sa trompe, & la fit sauter en l'air de cette maniere, à cent cinquante pas du bateau où j'étois.

Ces animaux, dans ce pays-là, ne sont point élévés à la domesticité. Le roi & quelques grands du pays, les chassent quelquefois, mais assez rarement. C'est ce qui fait qu'on en voit une aussi grande quantité. Je me suis trouvé une seule fois à une de ces chasses. Elles se font de la maniere suivante.

Le roi ou un grand du pays commande cent cinquante ou deux cens hommes, souvent plus, avec lesquels il fait battre un bois. La plus grande partie de ces chasseurs, est armée de plusieurs *saguayes*, qui sont faites presque comme nos *espontons*; mais le fer qui est au bout, est cependant beaucoup plus large & plus coupant. Le reste des chasseurs porte des fusils, & quelques-uns, des espèces de petites haches d'armes. Ainsi armés, ils entourent une portion de bois où l'on sait que les éléphans se retirent, on marche en avant en formant un rond, où ces animaux se trouvent entourés de tous les chasseurs, ainsi que les biches & vaches brunes qui s'y rencontrent. Quand on se trouve à portée de ces bêtes, les chasseurs lancent avec force une de leurs saguayes, qui, malgré la dureté de leur cuir, leur entre très-souvent assez avant dans le corps. Alors, si l'animal blessé entre en fureur, les piétons se retirent derrière les chevaux, d'où les cavaliers qui sont en rond, leur lancent de nouvelles *saguayes*, & même des coups de fusil dans la trompe & dans le sabot. Ils ne manquent guères d'achever de tuer l'animal. Lorsqu'il tombe à terre percé de coups, les chasseurs armés de haches, viennent le couper en morceaux. Les dents ou défenses, en sont présentées au chef de la chasse, & la chair ainsi coupée par morceaux, est distribuée & partagée entre les chasseurs. Chacun emporte sa portion, avec laquelle il fait un très-bon repas. Lorsque l'éléphant n'est pas vieux, sa viande ressemble exactement à celle du bœuf, & en a le même goût; mais lorsque ces animaux sont vieux, leur viande est fort dure.

Ce qu'on nomme ordinairement dent d'éléphant, ce ne sont pas précisément ses dents qui pésent jusqu'à deux cens liv. chacune. Du tems de l'ancienne compagnie des Indes, on les achetoit 30 liv. le quintal, payé en marchandises, qui, ainsi ne revenoient pas, (argent de France) à plus de 18 liv. le quintal. On nomme dans ce pays escarbile, ses deux dents, qui sont au-dessous de 50 liv. pesant, & de cette qualité, il ne se payoit que 15 livres le quintal; mais le prix du tarif de cette marchandise, doit ensuite avoir bien augmenté par la concurrence des anglais, qui ont traité long-temps dans cette rivière, & qui ont fait tomber les avantages de tout commerce sur ces côtes.

On ne fait guères de ces grandes chasses, qu'il n'y soit tué beaucoup d'autre gibier : tels que la biche, la vache brune, l'autruche volante, les pintades, les perdrix, les lapins, les poules de bois, dont ce pays est très-fourni, parce qu'on y chasse très-rarement.

Mais il est des animaux qui ne sont pas si agréables, ce sont des lions, des tigres & des sangliers; ils sont en telle quantité, que souvent il n'est pas possible de les éviter. Le lion, quoiqu'un peu moins dangereux que le tigre, l'est cependant beaucoup. Lorsqu'il n'est point affamé, il vous laisse passer sans vous attaquer; mais lorsqu'il a faim, aussi-tôt qu'il vous apperçoit, il vous coupe le chemin à quatre-vingt ou cent pas plus loin; il s'accroupit à terre, &

ſaute ſur vous à votre paſſage près de de lui. Si on prévoit ſon embuſcade, cela donne quelquefois à l'homme en danger, le tems de préparer ſes armes, s'il en a, pour ſe défendre; mais il n'en eſt pas de même du tigre, qui ſouvent, ſans que vous l'apperceviez, vous ſaute de très-loin au chignon du col, & dévore ſon homme, à moins qu'il n'ait la force & le courage d'un négre qui m'a ſervi dans ſa jeuneſſe. Un jour il fut attaqué à quelque diſtance du bord de la rivière & de ſon bateau, par un tigre. Le négre étoit nud & ſans armes; néanmoins il eut le courage d'empoigner ſon ennemi des deux mains par le col; pendant cette lutte, l'animal lui déchiroit avec ſes griffes la chair de deſſus le dos, ſans que les douleurs lui fiſſent lâcher priſe, de manière qu'il parvint à étouffer l'animal, avant qu'il reçût le ſecours d'un bateau, que ſes cris avoient attirés. On le trouva baigné dans ſon ſang, & le tigre mort à ſes côtés.

Il fut porté en cet état à bord de son bateau, & pansé le mieux qu'il fut possible. Ce courageux négre fut plus d'un an à guérir de ses plaies. Ses amis, pour le consoler, lui donnoient de temps en temps des espèces de bals, qu'on nomme folgard, dans lesquels on danse, on chante & on boit force vin de palme, & de l'eau-de-vie. Dans les chants, il étoit toujours question de la victoire du courageux négre; les miéux inspirés composoient à l'impromptu ces chansons, où les hyperboles ne manquoient jamais. Enfin, ce même négre fut encore attaqué cinq ou six ans après, par un lion, qu'il étouffa de la même manière. Il reçut presque les mêmes blessures, mais il s'est guéri plus facilement.

Malgré tout cela le tigre a la peau si tendre qu'on le tue d'un coup de fusil, avec du gros plomb à canard. J'ai vu à Joûal, un jeune enfant de huit ans, en tuer un, à la pointe du jour, d'un coup de flèche, près de la case où je dormois. Le chant des louanges que la moitié du village lui donna auſſi-tôt, me réveilla, & me rendit témoin de ſa victoire. La peau de cet animal me fut préſentée, & je l'ai rapportée en France.

Nous avons encore dans le *Niger* deux ſortes d'animaux amphibies. Le plus dangereux, c'eſt le *cayman*, ou le *crocodile*. Les gens du pays, maures ou négres, ſont obligés de prendre les plus grandes précautions pour n'en être pas dévorés, ainſi que leurs beſtiaux. Lorſqu'ils veulent paſſer la rivière d'un bord à l'autre, ils ont grand ſoin, avant d'entreprendre le paſſage, de mettre à l'eau tout ce qu'ils ont de canots, de deſſus leſquels ils tirent des coups de fuſil, & font du bruit, & des cris le plus qu'ils peuvent, afin d'éloigner ces animaux voraces. Enſuite, ils font paſſer leurs troupeaux à la nage, ainſi que les hommes, les femmes & les enfans. Le chameau eſt le ſeul qui ne nage point. Pour lui faire paſſer la rivière, il faut qu'il ſoit le long d'une pirogue, & que l'homme qui eſt dedans lui ſoutienne la tête hors de l'eau, par une eſpèce de bride, afin qu'il ne ſe noie pas. De cette manière, la pirogue l'entraîne à terre ſans accident.

L'éléphant, au contraire, trois ou quatre fois plus gros & plus peſant que le chameau, nage comme un poiſſon. Quelles que ſoient les précautions des maures & des négres, pour ſe garantir de la voracité des *crocodiles* ou *caymans*, il arrive quelquefois des accidens cruels. J'ai vu, au Sénégal, un ſoldat, perruquier, qui, en montant en Gallam, fut dévoré à dix pas de ſon bateau, à la vue de tout le monde. Ce malheureux homme étoit à terre, il ſe lavoit les mains au bord de l'eau; un cayman vint lui happer les mains, le fit tomber la face dans l'eau, & dans le même inſtant il l'entraîna au fond de la rivière;

il fut impoſſible de lui donner le moindre ſecours.

L'autre eſpèce d'animal amphibie, commun dans cette rivière, eſt le cheval marin. Il eſt beaucoup plus gros que le cheval domeſtique ; il en a le henniſſement, mais d'ailleurs il lui reſſemble peu. Il vient paître à terre, & au moindre bruit il ſe jette à l'eau. Cet animal n'eſt point vorace, quoiqu'il y ait quelques exemples qu'il a tué des enfans. Ses défenſes ſont d'un ivoire beaucoup plus beau & plus dur que celui de l'éléphant.

On trouve encore dans le bas de cette rivière un autre animal amphibie, qu'on nomme *lamantin*, dont la femelle alaite ſes petits. A quelques égards, il eſt de la forme du lézard, quoiqu'il peſe quelquefois juſqu'à deux cens livres. C'eſt un manger excellent, fin & délicat ; la chair en eſt très-blanche, & eſt recouverte par-deſſus de quatre doigts de lard. Le chef du village de

Monitte en doit un de coutume chaque année au gouverneur du Sénégal.

Depuis la description que j'ai donnée ci-dessus, du pays des foulles, j'apprends par une personne qui arrive de ce pays, qu'un *marabou*, ou prêtre de la loi, est parvenu par ses intrigues, & sous prétexte de religion, de chasser Siratique-Conco, légitime souverain, & à se faire roi du pays. Il a engagé tous les grands de ce royaume à se faire comme lui *marabou*. Il a défendu dans tout son pays les pillages, ni de faire aucun captif; & enfin, par d'autres moyens politiques (& au fond très-humains) il est parvenu à repeupler son vaste royaume, à y attirer des peuples, qui y trouvent leur sûreté. Il commence même à se rendre redoutable à tous ses voisins, par sa bonne administration. Ainsi voilà un homme, d'une contrée presque sauvage, qui donne une leçon d'humanité à d'autres peuples policés, en défendant dans tous ses états la captivité & les vexations.

On ſe permettra dans la ſuite de cet ouvrage, de préſenter quelques réfléxions ſur l'horreur du commerce des négres, & ſur les crimes qui en réſultent.

A la ſuite du pays des *foulles*, toujours en remontant la rivière on trouve le pays de Galam, où les français ont un établiſſement, nommé le fort *Saint-Joſeph*, diſtant de 260 à 280 lieues de l'iſle *Saint-Louis* du Sénégal. La route eſt moins longue par terre.

Le fort Saint-Joſeph en Galam eſt entouré des *mandingues*, des *ſaracolets*, & d'autres différens peuples, qui vivent en républicans. Ce ſont les premiers qui vont tous les ans dans Bambazenna acheter les noirs qui forment le commerce de Galam : car les ſaracolets, auſſi voiſins du fort Saint-Joſeph, ne ſortent point, ou très-peu, de chez eux. Ils ne font point de captifs comme les autres ſouverains du bas de la rivière du Sénégal. On ne traite donc point d'autres noirs de ces marchands en Galam & en Gambie que des esclaves bambazas.

Plusieurs marchands s'associent, pour former ensemble une caravanne, sous la conduite d'un ou de plusieurs chefs; chacune de ces caravannes est composée de deux ou trois cens captifs, qui sont à une même chaîne, depuis quatre jusqu'à dix ou douze, suivant qu'ils appartiennent à un même marchand ou à plusieurs en même société. Ces négres comptent trente jours de marche du *Bambazena* en Galam. Ils font porter pendant toute cette marche une pierre ou roche, du poids de quarante à cinquante livres, sur la tête de leurs esclaves, afin qu'une extrême fatigue leur ôte l'envie de se sauver. Ces peuples, sans connoître l'art d'exploiter les mines, en tirent une quantité prodigieuse d'or. Plusieurs fois, à moins de trois ou quatre pieds de profondeur, ils en ont trouvé des morceaux de trente à quarante gros, tel qu'un morceau que M. Stoupent de la Brac a rapporté en France, qui pesoit près de quatre onces.

Les marchands mandingues disent que le Bambazena forme plusieurs royaumes, très-vastes, très-peuplés, & que les peuples sont en naissant esclaves des rois & des grands. Ce royaume, disent-ils, est situé entre le royaume de Tombut, si riche par ses mines d'or, & celui de Caffout, qui est éloigné de vingt-cinq journées environ du premier; ce qui suppose trois cens lieues pour les trente journées de marche de Galam au Bambazena, & deux cens lieues pour les vingt journées de Bambazena au royaume de Tombut.

Le comptoir de Galam a eu en différens temps plusieurs petits comptoirs, sous les ordres du commandant du fort Saint-Joseph, tels que ceux de *Farbana*, de *Samarina*, de *Cyota* & autres.

Il est certain que le pays de Galam,

& ceux qui l'avoifinent, font remplis de mines d'or, particuliérement tout le terrein qui eft depuis la rivière de Félemée jufqu'à 30 ou 40 lieues dans les terres. Les mines de *Naeacou*, de *Tambaoura*, de *Falbana*, de *Samârina*, de *Félemée*, & une infinité d'autres dans le pays de Bamboue. De forte que la majeure partie de ces mines font très-riches, & que l'or eft extrêmement commun dans le pays.

A douze lieues du fort Saint-Jofeph en Galam eft un rocher énorme en hauteur & en groffeur, nommé le rocher *féloupe*, qui coupe exactement la rivière. Pendant fept mois de l'année, il eft à fec, ainfi que la rivière près de Galam; mais lorfque la faifon des pluies vient, à la fin de mai ou au commencement de juin, la rivière qui eft derrière ce rocher fe gonfle & groffit, au point qu'elle monte par-deffus le rocher, & retombe en nappe d'eau, avec un bruit effroyable, qui fe fait entendre à fept à huit lieues ; ce coup-d'œil eſt très-majeſtueux. Alors cette eau, tombée du rocher, remplit promptement la rivière & la rend navigable cinq mois de l'année. Quelquefois les débordemens ſont ſi grands, qu'il m'eſt arrivé dans un de ces voyages de perdre le fil de la rivière, & de reſter mouillé, avec mon bateau, trente-ſix heures dans les bois, dont les arbres étoient recouverts d'eau, ſans oſer mettre à la voile, de crainte de m'aller échouer ſur un tronc d'arbre.

Dans cette même crue d'eau, un de nos meſſieurs, nommé *Duliron*, qui tenoit un petit comptoir ſur le bord de la rivière, à ſix ou ſept lieues du fort Saint-Joſeph, fut ſurpris par la crue d'eau, & n'eut que le tems, avec ſes domeſtiques, de faire porter ſur le haut d'un gros arbre, qu'il avoit près de chez lui, les portes de ſon comptoir, de s'y établir avec quelques vivres. Il fut obligé d'y reſter trois jours perché, au bout duquel temps un de nos bateaux, montant en Galam, vint le prendre. A douze lieues du rocher feloupe, dont il vient d'être queſtion, il eſt encore un autre rocher, par-deſſus lequel s'écoulent également toutes les eaux qui forment le Niger. On aſſure que ce fleuve eſt un des bras du Nil.

Les négres n'ont point, ou ont très-peu de connoiſſances des terres qui renferment de l'or; ils ne ſavent guères diſtinguer celles qui peuvent donner le plus de mines.

Utilité

Utilité & importance de la possession de la rivière du Sénégal, & les grands avantages qu'on peut retirer d'un établissement en Bamboué.

QUELLES étonnantes dépenses d'hommes & d'argent n'a pas coûté à l'Espagne & au Portugal l'acquisition des richesses du Mexique, du Pérou, & du Bresil! Combien d'années ces royaumes ont-ils employé à faire massacrer à grands frais, & à détruire les naturels du pays, pour s'en rendre les maîtres! Et que ne leur en coûte-t-il pas annuellement pour en conserver la possession, par la grande quantité de frais qu'ils ont à faire pour entretenir des garnisons, des munitions, &c. & pour les nombreux armemens qu'exigent cet entretien, & la distance des lieux!

La rivière du Sénégal est à la portée

de l'Europe; elle offre autant & plus de richesses à la France, que l'Amérique aux espagnols & aux portugais. Elle peut s'en assurer la jouissance en très-peu d'années, en protégeant les naturels du pays, au lieu de les détruire. Pour les conserver, elle n'a besoin ni de fameuses garnisons, ni d'armement considérable. L'entretien d'un millier de français, ouvriers, soldats, employés & officiers, lui suffiroient. De sorte que la dépense qu'occasionneroit cette grande entreprise, n'auroit aucune proportion, ni avec celle que les espagnols & les portugais sont obligés de faire, ni avec le produit qu'on en retireroit.

Quatre ou cinq millions qu'on retireroit dans trois ou quatre ans, feroient tous les frais des fortifications & des armemens pour la sûreté de la concession des établissemens sur les mines.

Par la suite, ces mines produiroient des millions dont on ne peut déterminer le nombre. De plus, ces établissemens produiroient une augmentation de commerce dans cette rivière. La fréquentation des français dans l'intérieur du pays devant attirer à eux une grande partie du commerce de l'Afrique : commerce qui passe sur les côtes par les marchands mandigues, qui, naturellement se porteroient moins loin de nos établissemens, quand ils leur seront connus. Enfin, on ne sauroit prévoir tous les avantages que l'exécution d'un pareil projet pourroit procurer à la France.

Pour des objets d'une bien moindre importance, la France a fait en plusieurs occasions des dépenses beaucoup plus fortes pour se procurer du poivre à la côte de Malabar; la guerre de Mahé, est de plusieurs millions.

Pour assurer le privilège de la traite de *Gomé à Portandie*, elle a fait plusieurs années des armemens qui lui ont coûté beaucoup.

Pour tenter d'établir à la *Guianne* ; la culture des terres par les mains des blancs (ce qui ne pouvoit se faire que par celle des négres) elle a fait une dépense de peut-être huit à dix millions.

Comme du haut de la rivière de *Gambie*, il n'y a guères que vingt lieues de distance à celle de Galam, les anglais ont certainement connoissance des richesses du pays de *Bamboué*, & nous devons au mauvais régime de leur commerce à cette côte, de ce qu'ils ne sont pas déjà établis sur les mines. C'est la nation qui achete du gouvernement le commerce, & ce sont des armateurs particuliers qui l'exercent. Un particulier n'est pas en état de se livrer à tout ce que demande une si grande entreprise ; ce ne peut-être que l'ouvrage de l'état ou d'une compagnie privilégiée.

On ne peut donc dissimuler que pour parvenir à une entière possession des mines, avec sûreté, à l'exclusion des anglais & de toute autre nation dans la rivière de *Gambie*, il faudroit obtenir par le premier traité de paix avantageux, l'exclusion des anglais dans cette rivière. Cette nation, jalouse des richesses que nous retirerions de *Bamboue*, pourroit parvenir à nous traverser dans nos opérations, en nous suscitant des ennemis; & ils attireroient une partie du commerce que la fréquentation des français dans les terres doit augmenter considérablement. Enfin, les anglais en *Gambie*, peuvent nous nuire de toute façon.

La France, au contraire, si elle étoit absolument maîtresse des deux rivières du Sénégal & de *Gambie*, à l'exclusion des autres puissances de l'Europe, n'auroit plus à craindre d'être troublée dans aucune de ses opérations, tant en *Bamboue* sur les mines, qu'en Galam, pour l'accroissement de son commerce; & alors n'ayant point de concurrent, elle ſeroit toujours dans le cas de faire la loi à toutes les nations du pays.

Le ſacrifice du commerce de la rivière de *Gambie*, doit d'autant moins coûter à l'Angleterre, qu'elle n'a qu'un établiſſement dans cette rivière, nommé le fort Jacques, qui avoit été raſé dans la dernière guerre, & qu'elle a fait rétablir à la paix; cet établiſſement eſt ſitué près de notre comptoir d'*Albreda*. D'ailleurs, les anglais poſſédant douze à treize forts le long de la Côte d'Or, tandis que la France qui a beaucoup plus beſoin de bras négres pour l'exploitation de ſes habitations en Amérique, n'a abſolument que le *Sénégal* & *Juda*.

Quoique la rivière de *Seralionne* ne ſoit point à portée de nuire à l'exécution du projet ſur les mines; il ſeroit fort avantageux au commerce de notre nation, & à la proſpérité de nos colonies d'Amérique, qu'elle eût auſſi le droit excluſif du commerce dans cette rivière.

De ſorte que depuis le *Cap-Blanc*, juſqu'à *Seralionne*, incluſivement, il n'y eût que le pavillon français qui pût commercer, & que les bâtimens de toute autre nation puſſent y être arrêtés, & pris comme interlopes, à l'exception des bâtimens portugais dans les rivières de *Cazamerica* & de *Cachot*, & au *Biſſeau*. Pour lors la France auroit réellement l'étendue de la conceſſion dite du Sénégal, telle que nos rois en avoient accordé le privilège excluſif à l'ancienne compagnie des Indes; elle jouiſſoit de la partie la plus avantageuſe du commerce de la côte d'Afrique, & auſſi par la briéveté des traverſées en Amérique, & ſa proximité de l'Europe; il faudroit encore pour éviter par la ſuite toute ſorte de tracaſſerie, qu'il fût inſéré dans le traité avec l'Angleterre, au ſujet de cette conceſſion, outre le terme général depuis le *Cap-Blanc* juſqu'à la rivière de *Seralionne*, incluſivement, il y fût ajouté ce qui comprend depuis le

Cap-Blanc, *Portandie*, la rivière du Sénégal & ses dépendances ; *Gorée*, la rivière du *Gambie* & leurs dépendances ; & toutes les rivières entre cette dernière, & celle de *Seralionne*, inclusivement, & leurs dépendances, sans nuire aux droits du Portugal, dans les rivières de Cazamenu, Cachas, &c.

Les portugais ont refusé quelquefois d'admettre les navires français à traiter au *Bisseau* ; droit que la France a toujours eu & qu'elle a toujours exercé avec eux à l'exclusion de toute autre nation. A cet effet, il conviendroit que le ministère fît expliquer la cour de Lisbonne à ce sujet, & fît valoir le droit qu'elle a toujours eu à *Cazamenu*, au *Bisseau* & dépendances.

La régie qu'il conviendroit d'établir pour la concession des mines, demanderoit la plus grande attention. Les vues qu'on auroit sur cette concession, excluéroient absolument la liberté du commerce, qui a d'ailleurs tant d'inconvéniens faciles à démontrer, qu'elle n'eſt propre qu'à la détruire, ruiner les armateurs, & fruſtrer l'Amérique d'une grande quantité de captifs que le pays peut lui fournir ; mais que des armateurs ne peuvent aller chercher dans le haut de la rivière, où l'on ne peut monter que dans la haute ſaiſon. Cela détruiroit leurs équipages, outre la perte & la longueur du temps qu'ils ſeroient obligés de reſter à la côte. Il n'y a pas d'année qu'il n'arrive à quelque navire anglais, de perdre tout ſon monde dans la rivière de *Gambie*. De ſorte qu'il ne reſte que quelques captifs à bord, dont le commandant du fort *Jacques* s'empare pour les vendre au profit des armateurs des navires : ce n'eſt que par des réſidens ſur les lieux que le commerce de ces rivières peut ſe faire avec quelqu'avantage ; & mieux encore, par des compagnies privilégiées, pour éviter la concurrence qui fait acheter les choſes beaucoup plus chères qu'elles ne coûtent ordinairement lorſqu'il y a un tarif d'établi.

Il faudroit donc faire exercer le commerce de cette conceſſion, par une compagnie privilégiée, & lui donner toute protection; mais peut-il convenir qu'il y ait dans le pays deux intérêts diſtingués? N'eſt-ce pas ſupporter des diſcordes, des brouilleries & le déſordre par-tout? Et exposeroit-on une compagnie qui auroit fait des avances conſidérables de pluſieurs millions, à faire mal ſes affaires, & celles de l'état. Il faut cependant que le commerce ſoit exercé & tous les établiſſemens fournis de ce qui leur eſt néceſſaire.

Si j'oſois ajouter à mon avis, ce ſeroit de former réellement une compagnie ſous le titre de compagnie royale d'Afrique, dont les adminiſtrateurs nommés par arrêt du conſeil, (comme jadis les directeurs de l'ancienne compagnie des Indes) régiroient pour le compte du roi, non-ſeulement le commerce, mais aussi tout ce qui concerne les mines d'or & toute l'administration de la concession. Les fonds de cette compagnie seroient faits par le roi ; elle rendroit compte de leur emploi au ministère, sous l'autorité duquel elle agiroit, & qui disposeroit des fonds qui entreroient dans cette caisse.

Par ce moyen, l'autorité n'auroit plus d'inconvéniens, on profiteroit de tous les avantages du commerce & de l'exploitation des mines ; & les richesses qu'on en retireroit se trouveroient directement dans les coffres du roi, en augmentation des finances de l'état. Le gouverneur de la concession, breveté du roi, seroit aussi directeur-général du commerce. Il commanderoit tous les sujets dans la concession. Il seroit plus respecté par les puissances du pays, il auroit plus de crédit auprès d'elles, & seroit mieux secondé & mieux obéi par tous les sujets français.

Ce n'est que par la voie d'insinuation

que les français peuvent parvenir à s'établir chez toutes les nations qui bordent la rivière du Sénégal, jusqu'en Bambouë. C'est ainsi qu'agissoit autrefois M. *David*, ancien commandant-général de concession, qui avoit si bien su gagner l'amitié des négres, que pas un roi du pays, ne lui refusoit rien de ce qu'il demandoit, même de former des établissemens chez eux. La force seroit toujours inutile, parce qu'il seroit facile à ces peuples de nous faire mourir de faim. Mais pour se mettre à l'abri d'un inconvénient si à craindre, en formant des établissemens sur les mines, dans les terres, & sur le fleuve du Sénégal, on doit placer autour de ces établissemens sous la protection de nos canons, des familles libres, dont nos anciens établissemens abondent, comme métifs, mulâtres, négres même, & leurs captifs; ces familles en attireroient bien d'autres du pays, ce qui formeroit promptement des villages considérables. On exciteroit le monde à faire cultiver la terre, & à élever beaucoup de bestiaux. Cette ressource nous mettroit dans peu hors de crainte du plus dangereux effet de la mauvaise volonté que les gens du pays pourroient avoir par la suite contre nous.

Pour que ces hommes libres nous soient de plus en plus attachés, il faut leur laisser une entière liberté, même celle de commercer. Plus ils s'enrichiront, plus ils auront besoin de notre protection, plus il y aura de gens aisés dans nos villages, plus la population en augmentera en hommes libres ou captifs; & il arrivera que quelques années après, par la force seule du nombre, dans nos établissemens, nous serions en état (si nous étions ambitieux) de subjuguer les puissances du pays.

Alors la France auroit l'avantage sur toutes les nations qui ont de grandes possessions dans les autres parties du monde, de s'être rendue maîtresse d'un grand pays, le plus riche de tous ceux qui ſont connus, & le plus voiſin de l'Europe, & cela ſans la moindre violence; de plus, d'avoir formé une colonie nombreuſe de ſang mêlé, mais plus docile & moins républicain que les colons de l'Amérique,

Les terres de l'intérieur de l'Afrique ſont très-fertiles; elles peuvent produire toutes les denrées qu'on cultive avec bien de la peine en Amérique; nos villages dans le haut du pays, en moins de dix ou douze ans, produiroient plus de denrées de commerce que la Guyanne n'en a fourni juſqu'à préſent à l'Europe.

Quelle gloire au miniſtère qui, avec des moyens ſi modérés, procureroit à l'état de ſi grandes reſſources!

Obſervations ſur le droit que la France a de commercer dans tout le cours de la rivière de Gambie, *& que les anglais veulent lui refuſer depuis long-temps.*

LES anglais nous diſputent non-ſeulement le droit de fréquenter le haut de la rivière de *Gambie*, mais même celui d'avoir un comptoir à *Albreda* : ils ont pluſieurs fois employé les menaces & les voies-de-fait, pour nous en chaſſer; notamment en 1750 & 1751. Ils ſe condamnerent eux-mêmes enſuite ſur nos repréſentations ; attendu, diſent-ils, qu'ils ne devoient agir de violence que dans le cas où nous nous ſerions fortifiés dans notre comptoir, & que nous y aurions du canon.

Cette diſtinction, auſſi peu fondée que peu capable de juſtifier leur violence, loin d'éclaircir les droits reſpectifs des deux nations ſur cette rivière, n'étoit qu'un nouveau manège, dont ils ont cherché à couvrir leurs indignes procédés & leurs injuſtices; cette diſcuſſion de droit eſt facile.

Voici ce que conſtatent les pièces que le dépôt du Sénégal nous avoit conſervées.

Premièrement, depuis l'année de 1664, juſqu'à la paix de *Riſwick*, nous avons fréquenté librement & ſans obſtacle le haut de la rivière de *Gambie*, conformément à la teneur des lettres-patentes du roi, en faveur des différentes compagnies de la côte occidentale d'Afrique.

Secondement, pendant la guerre de 1690, nous étant emparés du fort *Jacques*, il fut rendu à la paix de Riſwick, en conſéquence de l'article de ce traité, qui dit en général que les places priſes de part & d'autre ſeront réciproquement reſtituées, & que les choſes reſteront à cet égard-là comme elles étoient avant ladite guerre. Depuis cette paix,

paix, jusqu'à celle d'Utreckt, nous y avons continué notre commerce comme auparavant, & le fort Jacques a été pris & rendu une seconde fois, sans aucune condition qui donnât une augmentation au droit des anglais.

Troisièmement, qu'un bâtiment portugais, sortant de la rivière de Gambie avec une cargaison de noirs & de cire, ayant été pris par un vaisseau de la compagnie française, à l'embouchure de cette riviere, fut déclaré de bonne prise par le conseil du roi, sans que les anglais aient eu la prétention de s'en formaliser.

Quatrièmement, qu'après la paix d'*Utrecht*, les anglais ont commencé à nous faire des difficultés, malgré lesquelles nous avons eu pendant plusieurs années deux & trois comptoirs à la fois au-dessous & au-dessus du fort *Jacques*.

Cinquièmement, que sur quelques voies de fait de la part des anglais, la compagnie des indes françaiſe fit un armement de deux ou trois vaiſſeaux, qu'elle envoya en *Gambie*, pour ſoutenir ſes droits & ſe venger des atteintes qu'on y avoit données.

Sixièmement, que ces différends furent terminés par un traité qu'aucune des compagnies anglaiſes & françaiſes n'ont jamais voulu ratifier, attendu l'incompétence des contractans. C'étoit le ſieur *Roger*, anglais, gouverneur du fort *Jacques*, & le ſieur *Plunet*, ſous-directeur français du Sénégal.

Septièmement, qu'indépendamment de la non-ratification deſdites compagnies, & des atteintes que ce traité donnoit à nos droits, il a néanmoins été ſuivi en pluſieurs articles, juſqu'en 1745, que les anglais détruiſirent notre comptoir d'*Albreda*.

Huitièmement, que depuis la paix d'Aix-la-Chapelle, nous avons rétabli le même comptoir, ſans oppoſition de la part des anglais; mais que neuf mois aprés ſon rétabliſſement, ils ont commencé à prétendre ouvertement, ſans néanmoins alléguer aucune raiſon, ſinon qu'ils avoient ſeuls le droit de commercer dans la rivière de *Gambie*, & que nous euſſions à en ſortir inceſſament. Sur notre refus, ils ajouterent des menaces indécentes, les outrages, la force & la violence, qui ne leur ayant pas réuſſi, furent bientot ſuivis d'excuſes verbales & d'aſſurance de la réconciliation la plus ſincère.

Il réſulte de tous ces faits, que nos droits ſur toute la rivière de *Gambie* ſont fondés ſur des lettres-patentes du roi, ſur la reconnoiſſance faite par les anglais de la légitimité de ces droits, à l'occaſion de la priſe du vaiſſeau portugais, déclarée & adjugée bonne priſe par un acte authentique du conſeil du roi, ſans qu'il y eût aucune oppoſition de plus, ſur une fréquentation libre & non interrompue de plus de quarante années; enfin, ſur les tentatives, la variation, la légéreté, & l'inconséquence que les anglais ont successivement mis en usage pour rétablir le droit.

Il n'y a pas à s'y tromper, les droits légitimes n'ont besoin ni de la ruse, ni de la force, pour se faire connoître: on ne craint pas d'en produire les preuves. Nous sommes encore dans l'attente de celles que les anglais peuvent avoir pour soutenir le droit qu'ils voudroient s'arroger. Sommés cent fois de les donner par écrit, ils n'ont jamais répondu que par des refus & des généralités qui ne montrent que trop la foiblesse de leurs prétentions.

Par tout ce qui vient d'être dit, n'ayant plus d'observations à faire sur ce qui concerne la rivière du Sénégal, & les mines de *Bamboue*, je vais reprendre la description de la Nigritie, à la pointe de la rive droite de son embouchure, & suivre la côte, jusqu'à celle d'Angolle, passé laquelle on ne trouve plus de négres au bord de la mer ; si ce n'est par-delà le Cap-de-Bonne-Espérance, dans le canal de *Mausenbie*, & à *Madagascar.*

En partant donc de la pointe de la rivière du Sénégal, jusques quinze lieues au-dela de l'isle de *Gorée*, ce qui forme environ quarante lieues de côte, tout ce pays, nommé *Cayord* & *Bahol*, est habité par des *Yolofs*, qui parlent le même langage que ceux du pays d'*Onal*, mais sous la domination du roi d'*Hamet.* Ils suivent la même religion, ils ont les mêmes mœurs, & usent de la même nourriture; de manière que, sans se répéter, on ne peut rien en dire. Cependant, je crois devoir donner une description succinčte de *Gorée.*

Cette petite isle est située à vingt-quatre ou ving-cinq lieues par terre de l'isle du Sénégal, c'est-à-dire, par quatorze dégrés quatorze minutes de latitude nord. Cette isle a à peine un demi-quart de lieue de longueur, dont la moitié forme une haute montagne, sur laquelle nous avons un petit fort, nommé Saint-Michel, jadis bâti par les hollandais; & sur l'autre bout de l'isle, nous avions encore ci-devant un autre fort, nommé Saint-François; mais on m'a dit qu'il avoit été démoli depuis quelques années.

Le commerce de cette isle est peu considérable; à peine en tire-t-on deux ou trois cens noirs par an. Cependant, il est des circonstances où on en tire beaucoup d'avantage; comme lorsque le roi d'*Hamet* est menacé d'une guerre; alors il s'intrigue pour faire quelques pillages sur les confins de son pays; particulièrement sur les *serrzes*, ses voisins. Il fait vendre le produit de ces mêmes pillages, qui lui sont payés en poudre, fusils, pierres à fusils, sabres communs, &c. Ces peuples se battent très-courageusement, & craignent peu la mort. J'ai fait une fois la traite du produit d'une de ces guerres, de près de cinq cens de ces *Yolofs* : guerre qu'on pouvoit nommer guerre civile, puiſque c'étoit l'oncle du jeune roi régnant, qui avoit ramaſſé tout ſon monde, auquel s'étoient joints tous les mécontens du pays. Avec ces forces, il entra dans *Cayor*, & y attaqua ſon neveu d'Hamet, qui ſe défendoit bien, mais qui néanmoins fut vaincu & détrôné par ſon oncle. La majeure partie des priſonniers fut vendue, au nombre de près de cinq cens en pluſieurs fois; mais cette victoire penſa coûter bien cher à tous les blancs qui ſe trouvoient dans l'iſle.

L'uſage dans cette iſle eſt, qu'à meſure que l'on traite des captifs, de quelque nation qu'ils ſoient, on les met au *collard* deux à deux, en attendant qu'on ait occaſion de les embarquer. Ce collard eſt une chaîne de fer de cinq à ſix pieds de long. On tient à un des bouts un collier de fer plat, & qui s'ajuſte autour du col. Il ſe ferme & ſe *goupille* de manière que ces captifs ne peuvent l'ouvrir ſans outils ; on a grand ſoin de n'en point laiſſer à leur diſpoſition. En cet état, libres de leurs bras & de leurs jambes, ils ſont conduits au travail, par un, deux, ou trois maîtres de langue, ſuivant la quantité qu'ils ſont ; on les occupe ſouvent à caſſer des roches pour bâtir, à les tranſporter d'un lieu à l'autre, ou à lever des terres, rouler des barriques d'eaux, décharger les canots, les chaloupes ; le ſoir, revenus du travail, après leur repas, on les enferme dans une captiverie, ſituée dans la cour du fort.

Les cinq cens captifs, dont j'ai parlé plus haut, abhorrant la captivité, plus que tous les autres peuples leurs voiſins, après avoir pris connoiſſance du fort & de l'iſle, y complottèrent une révolte, formée avec intelligence, très-bien tramée, & qui ne pouvoit manquer de réuſſir, ſans un jeune enfant, de onze à douze ans, qu'on avoit mis à la captiverie, les fers aux pieds, pour le punir de quelques petits vols qu'il avoit faits. Cet enfant étoit couché, lors du complot, sur un cuir de bœuf, comme s'il eût dormi ; mais, comme il s'étoit réveillé, il entendit tous les arrangemens de la révolte, qui devoit s'exécuter le jour même, à six heures du soir, en rentrant du travail. Ce projet ne pouvoit manquer de réussir, si cet enfant ne nous eût pas fait appeller le matin, après que les captifs furent sortis, pour nous révéler le complot projetté. Voici de quelle manière il devoit s'exécuter:

Le soir, en rentrant, le tiers des révoltés devoit se jetter brusquement sur le corps-de-garde, qui est à la porte du fort, s'emparer des armes des soldats, posées sur leurs rateliers, tuer les dix ou douze soldats de garde, qui ne s'y seroient point attendus; pendant laquelle opération, un autre tiers des révoltés entreroit dans le fort, s'empareroit du magasin aux fusils, de la salle d'armes, de la poudrière, &c.; & pendant cette expédition, le dernier tiers devoit se rendre au village, & se disperser, pour massacrer tous les blancs, & autres qu'ils rencontreroient, afin que rien ne s'opposant plus à leurs projets, maîtres du fort & de l'isle, ils pussent tous s'armer de chacun un fusil, poudre, balles, emporter les marchandises les plus fines & les plus précieuses, & de moindre volume, & enfin descendre ensuite au bord de la mer, s'embarquer dans les chaloupes pontées, canots & pirogues qu'ils y trouveroient, & passer de suite à la Grande-Terre, d'où ils auroient gagné facilement le pays où leur jeune roi détrôné s'étoit réfugié. Ils n'auroient couru aucun risque d'être attaqués en chemin, étant si bien armés & non attendus.

Cette révolte, si bien concertée, ne manqua d'avoir son exécution, que par leur défaut d'attention à n'avoir pas apperçu l'enfant couché auprès d'eux, ainsi qu'il vient d'être dit. Sans ce bonheur, nous étions tous perdus, & eux au comble de leurs vœux. C'eſt ainſi que la fortune ſe joue ſouvent des projets les mieux concertés des foibles mortels, & ſouvent leur prépare des dangers, ou les en garantit.

Auſſi-tôt que nous fûmes informés de cette conſpiration, pendant que les captifs étoient dehors, au travail, l'on fit tripler la garde, avec ordre d'être ſous les armes, la bayonnette au bout du fuſil, lorſque les captifs rentreroient. On eut ſoin de ne les faire avancer au fort qu'en pluſieurs bandes. Le reſte de notre garniſon ſe mit ſous les armes, avec quatre petites pièces de canon chargées à mitrailles, braqués ſur l'endroit par où devoient rentrer ces noirs dans le fort ; de manière qu'en approchant du corps-de-garde, il ne leur fût pas difficile, en voyant cinquante autres ſoldats ſous les armes, d'appercevoir que leur projet étoit éventé & manqué.

Il rentrèrent donc, à l'ordinaire, & l'instant d'après, entourés de plus de cent fusiliers, on leur fit mettre les fers aux pieds, bien goupillés, & même des menottes à ceux que l'on croyoit les plus déterminés. En cet état, il furent renfermés dans la captiverie, avec une sentinelle à la porte.

Le lendemain matin, le commandant de l'isle les fit tous assembler dans la cour du fort, & s'adressa particulièrement aux deux ou trois chefs de la révolte, qu'on savoit être des grands de leur pays, pour leur demander s'il étoit vrai qu'ils eussent projetté la veille de massacrer tous les blancs de l'isle ? A cette première question, qui leur fut faite devant tout le monde, les deux chefs, loin de nier le fait, ni chercher de faux-fuyans, répondirent avec hardiesse & courage : que rien n'étoit plus vrai, qu'ils devoient ôter la vie à tous les blancs de l'isle, non pas par haine pour eux ; mais bien pour qu'ils ne pûssent s'opposer à leur fuite, & au moyen qui leur étoit offert d'aller rejoindre leur jeune roi; qu'ils avoient tous la plus grande honte de n'être pas morts les armes à la main, sur le champ de bataille, pour lui; mais qu'actuellement, puisqu'ils avoient manqué leur coup, ils préféroient la mort à la captivité. A cette réponse, vraiment romaine, tous les autres captifs crièrent, d'une voix unanime: *dé gue la, dé gue la*, cela est vrai, cela est vrai.

La réponse de ces deux captifs, à l'interrogatoire qui venoit de leur être fait, étoit trop claire pour qu'il fût nécessaire de leur faire d'autres questions. Le conseil de la direction s'assembla pour délibérer sur ce qu'il y avoit de mieux à faire dans cet événement. Pour donner un exemple à tout le pays, il fut décidé que les deux chefs de la révolte seroient mis à mort le lendemain, devant tous les captifs & les gens de l'isle, assemblés de la manière suivante.

Le lendemain, on fit assembler tous les captifs dans la *savane*. On en fit former un rond ovale, ouvert par un bout. Vis-à-vis cette ouverture, on fit placer deux petites pièces de canon, chargé non à boulet, mais de la seule *bourre*, nommée le *vallet*; enfin, à l'extrêmité de cette ouverture, les deux chefs de la révolte y furent placés, & tirés par le maître canonnier, & avec la seule bourre de canon ces malheureux furent enlevés & jettés morts à quinze pas d'où ils avoient été canonnés.

Tous les autres captifs, frappés d'un exemple aussi terrible de sévérité, rentrèrent à la captiverie, dans la plus grande consternation. Si cette exécution paroît terrible & inhumaine, elle est une suite nécessaire du commerce infâme que presque tous les européens font dans ces contrées, & sur lequel je me permettrai quelques réflexions à la fin de cet ouvrage.

Ce qui pourroit excuser, s'il étoit posſible, la rigueur du jugement dont je viens de parler, c'eſt que pluſieurs années avant cette conſpiration, il y eut à Gorée une autre révolte commencée, qui penſa coûter la vie à bien du monde. Tous les captifs alors en captiverie, au nombre de près de trois cens, avoient trouvé le moyen de ſe déferrer la nuit, & en montant ſur les épaules les uns des autres, dans un coin du fort où la ſentinelle étoit éloignée, ils étoient entrés dans l'intérieur. Si, avant de commencer la révolte, ils euſſent eu l'intelligence d'attendre qu'il fuſſent tous montés, ils auroient égorgé tous les blancs, avec d'autant plus de facilité, que preſque toute la petite garniſon s'étoit couchée ivre, comme il arrivoit tous les dimanches; mais l'impatience des révoltés à commencer le maſſacre, fit que les ſix premiers montés ſur le fort, au lieu d'attendre que leurs camarades les euſſent joints, tombèrent d'abord ſur la ſentinelle en faction, au pied des marches de la direction. Quoique surpris inopinément, il eut le temps de mettre la bayonnette au bout de son fusil; mais il ne put guères s'en servir, parce l'un des noirs empoigna le canon du fusil, & les autres le frappoient du boulon de leurs fers, qu'ils avoient chacun à la main. En cet *état*, la sentinelle cria à la révolte, la garde du corps-de-garde accourut à son secours, le dégagea très-promptement, mais très-grièvement blessé, & perça les révoltés de coups de bayonnettes. Ils se défendoient cependant avec intrépidité, n'ayant pour armes que le boulon de leurs fers. Deux d'entr'eux, avec les boyaux qui leur sortoient du corps, ne laissèrent pas d'étendre à terre quatre ou cinq soldats, dont un mourut le lendemain à l'hôpital. Heureusement, que pendant tout ce vacarme; le restant des révoltés, effrayés du bruit, n'osèrent, dans l'obscurité de la nuit, continuer de monter sur le fort, & rentrèrent dans leurs

leurs captiveries ; ce qui fit que cette révolte n'eut pas d'autre suite plus fâcheuse.

Avant de terminer le récit de ces deux révoltes, je crois intéressant de rapporter ce qui est arrivé aux cinq cens captifs, dont les deux chefs furent suppliciés, quoiqu'ils pensassent en vrais romains.

Après que leurs tentatives furent découvertes, il nous arriva un vaisseau de la Rochelle, appartenant à M. *Bacot*, négociant de cette ville, capitaine *Avrillon*, freté par la compagnie des Indes, pour apporter des approvisionnemens au Sénégal, & pour prendre ensuite un chargement de noirs, que nous avions ordre de lui donner pour faire son retour, & de toute la quantité qu'il en pourroit prendre. En conséquence, le jour pris pour embarquer cette cargaison de noirs, on les marqua, suivant l'usage, de la marque de la compagnie, sur l'épaule, ou au bras, ou à la cuiſſe. Je me rappelle que chaque fois que je reconnoiſſois que les captifs deſtinés à être embarqués l'après-midi provenoient des cinq cens captifs révoltés, que je les faiſois appercevoir au capitaine *Avrillon*, en lui conſeillant de les tenir bien enferrés, s'il ne vouloit lui-même éprouver une révolte : il me répondit, avec le ton d'un homme qui aime à paroître n'ignorer de rien, qu'il en avoit bien conduit d'autres, quoique certainement il n'eût jamais connu les noirs de cette nation.

Enfin, il les embarqua tous, & partit; mais le deuxième ou troiſième jour, après être en mer, il eut l'imprudence d'en faire déferrer quatorze ou quinze, & de les mettre ſur ſon pont à manœuvrer, pour ſoulager, diſoit-il, ſon équipage. Ces négres déferrés, ne manquèrent pas de ramaſſer tous les clous & les ferremens qu'ils purent trouver dans le navire, ils les donnèrent furtivement à leurs camarades, avec leſquels ils trouvèrent le moyen de ſe déferrer, dans une ſeule nuit. Le ſixième jour du départ du navire, le capitaine *Avrillon* paya cher d'avoir négligé les avis que je lui avois donnés. En allant à la pointe du jour, de ſa chambre pour ſe rendre ſur le gaillard d'avant, il fut empoigné par la jambe, par un bras vigoureux, qui le tira de deſſus le paſſe-avant & le fit tomber ſur le pont, où tous les captifs étoient déjà montés, les fers aux pieds en apparence, mais ſans goupilles. Le capitaine fut aſſommé à l'inſtant, à coups de boulons des fers des captifs.

Au premier cri qu'il fit d'abord, un de ſes officiers vint à ſon ſecours, avec cinq de ſes matelots, qui tous furent aſſommés en un inſtant. Si dans ce moment une partie des négres déferrés étoient montés ſur le gaillard de derrière, ils ſe ſeroient trouvés entièrement maîtres du navire; mais le reſte de l'équipage conſiſtoit en vingt-deux ou vingt-quatre hommes, éveillés par le bruit, voyant tous les captifs déferrés, ils eurent la présence d'esprit de sauter sur la porte de la cloison à claire-voie, qui sépare les négres du gaillard de derrière, & de courir au coffre d'armes, d'en prendre les fusils & les pistolets, de les charger & de tirer, toujours à balles, sur les captifs révoltés, & particulièrement sur ceux qui, plus alertes & plus ingambes, cherchoient à monter le long des manœuvres du navire, pour franchir l'obstacle de la cloison à claire-voie, & s'emparer des blancs, qu'il savoient être en très-petit nombre; mais chaque négre, qui se trouvoit prêt à passer par-dessus, étoit décoché, jusqu'à bout portant, par une balle de fusil qui le faisoit tomber; mais il étoit aussi-tôt remplacé par un ou plusieurs autres à la fois, sans qu'ils fussent effrayés. Cela dura près d'une heure; ils se succédoient les uns aux autres, par différens cordages, & éprouvoient le même sort. On ne tiroit poin ſur le gros de la cargaiſon, plus pour ménager le bien de l'armateur que par humanité. La rage des révoltés, à prétendre paſſer par-deſſus la barrière, augmenta ſi fort, malgré la mort qui les attendoit, que voyant que rien ne les rebutoit, l'officier reſté commandant ſur le gaillard de derrière, craignant de n'avoir pas le temps de charger ſes armes, ſe décida à faire tirer à mitrailles deux petits canons qu'on tient toujours en chandelier dans la claire-voie de la cloiſon, & toujours pointés ſur le pont, où l'on tient les négres dans le jour. Ces deux coups de canon, chargés de beaucoup de mitraille, tuèrent un ſi grand nombre de ces malheureux, que le reſte ſe jetta en pagalle dans l'entrepont.

Lorſqu'il ne parut plus un ſeul noir, l'on vint fermer les panneaux des *écoutilles*, l'on compta les morts, qui montoient à deux cens trente, non compris ſept blancs, qui furent tous jettés à la mer. Que l'on juge présentement du coup-d'œil affreux d'une si horrible boucherie ? Cette troisième catastrophe est encore une suite de cet infâme commerce, dont je ne peux dire trop de mal. Je me permettrai d'en parler dans une autre occasion.

Je reviens à la narration de ce navire révolté, de M. *Bacot*, de la Rochelle. Il a continué sa route, s'est rendu en Amérique, y a vendu le restant de sa cargaison, à un prix si avantageux, que la compagnie des Indes nous a marqué qu'il avoit mis au pair, c'est-à-dire, qu'il n'avoit rien perdu sur son voyage.

Mais, c'est assez parler de révolte, je reviens à Gorée. Les environs de cette isle fournissent beaucoup de bœufs, cabris, beurre, huile de palme. C'est une très-bonne relâche. La mer y est si poissonneuse, que d'un coup de sçenne on tire du poisson pour nourrir deux cens personnes ; c'est une grande ressource pour l'isle, lorsque les bœufs manquent : ce qui arive ſouvent, par la défenſe des traités du roi du pays. Il n'y manque abſolument que le vin & la farine, qui ſont envoyés d'Europe. Avant la priſe que les anglois ont faite de cette iſle, toutes les denrées avoient un tarif.

Quatre poules ſe payoient un couteau flamand, eſtimé cinq ſols ; vingt poiſſons, quelques gros qu'ils fuſſent, un couteau flamand ; un bœuf, deux barres, ou ſix pintes d'eau-de-vie ; vingt livres de beurre, une barre ; un captif ſans défaut, trente barres, dont on diminuoit le prix à proportion des défauts.

Gorée a trois petits comptoirs, tenus par un employé, où l'on traite des vivres, & quelques captifs. Le premier comptoir ſe nomme Bain ; il n'eſt éloigné que d'une lieue de l'iſle ; les navires y envoyent faire de l'eau, avec leurs chaloupes, ou avec les chaloupes de terre. Le ſecond comptoir ſe nomme

Rufisk, qui en est éloigné de quatre lieues. Le troisième se nomme Portudal, & en est à dix lieues.

Ces trois comptoirs sont situés au bord la mer; sur les terres du roi d'*Hamet*: entre ces deux derniers comptoirs, environ à sept lieues de Gorée, il est néanmoins un petit pays presque sous le cap de *Naze*, indépendant du roi d'*Hamet*. Il est habité par un peuple nommé les *Seraires* noirs, pour les distinguer d'autres Seraires, à vingt lieues plus loin au-dessus; ils parlent une autre langue que les Yolofs du pays où ils sont enclavés. Le roi d'Hamet a tenté plusieurs fois de les réduire, ou pour mieux dire, de les détruire; mais sans succès, si ce n'est par quelques petits pillages faits sur les bordures de leurs pays.

Ces négres, & les femmes particuliè-ment, sont les plus beaux de toute la Nigritie, quoique plus sauvages que leurs voisins, retirés dans les plus épais de leurs bois, ne faiſant aucun commerce, & ne fréquentant pas les blancs; c'eſt peut-être par cette raiſon qu'ils ſont les meilleurs gens & les plus humains que j'aie connus, non par principes, mais par tempéramment. Il m'eſt arrivé pluſieurs fois, à l'âge de vingt ans, d'aller chez eux en pirogue, me promener avec mon ſeul maître de langue, & par curioſité, ſur le bien que j'entendois dire de cette bonne nation. Effectivement, ils m'ont toujours reçu de leur mieux. Ils s'empreſſoient de m'apporter en préſens des poules, des cabris, du lait, & ſouvent un bœuf, que je refuſois, ne pouvant l'emporter dans ma pirogue.

Lorſqu'il ſe perd un bateau ou chaloupe à la côte de ce peuple, loin d'en faire les blancs captifs, comme cela arrive preſque par toute la côte, ils s'empreſſent de les accueillir, de venir les ſecourir & de les laiſſer retourner ſans rançon, chez leurs compatriotes.

Comment expliquer tant d'actes d'humanité de ce peuple, avec les négres antropophages du Gabon, qui mangent, non-feulement les blancs qu'ils peuvent attraper, mais encore les prifonniers qu'ils font chez leurs voifins.

Mais je reviens à mes bons Seraires. Dans le dernier voyage que je fis chez eux, je vis promener leur chef dans un état grotefque, monté fur un bœuf, avec un baffin de cuivre fur la tête, en forme de couronne. Tout le peuple, & les femmes parées de leur mieux, marchoient devant lui, chantant à tue-tête fes louanges; après cette promenade, il fut conduit à un folgar ou bal du pays, placé fous deux gros arbres, où chacun fe mit à danfer au fon du tambour, de la voix & du cliquetis de ferremens attachés aux jambes, qui fervent, pour ainfi dire, à battre la mefure. Ce bal eft quelquefois interrompu dans la journée, pour boire & manger, ce qu'on leur apporte de leur cafe; enſuite le bal reprend juſques fort avant dans la nuit.

Ces peuples, naturellement bons, par inclination, vivent cependant dans la plus profonde ignorance de toutes choſes connues, même aux autres négres. Ils ſont ſans la moindre religion, & n'ont aucune connoiſſance de l'être ſuprême. Ils ne font aucun cas de l'or; ils préfèrent le cuivre rouge à ce métal ſi précieux ailleurs; de ce cuivre, ils font des boucles d'oreilles & d'autres ornemens pour leurs femmes.

Ne pouvant imaginer, comme on me l'avoit dit, qu'ils n'euſſent aucun culte, & me trouvant un ſoir, au ſoleil couchant, au bord de la mer, avec cinq à ſix de leurs vieillards, je leur fis demander par mon interprête, s'ils connoiſſoient celui qui avoit fait ce ſoleil, qui alloit diſparoître, cette maſſe d'eau énorme qui étoit ſi étendue, qu'un bon marcheur ne pourroit en trouver le bout après deux cens jours de marche; &

enfin, s'ils connoiſſoient le ciel & les étoiles, qui alloient paroître une heure après?

A ma queſtion, chacun de ces vieillards, comme interdits, ſe regardoient ſans répondre; cependant après un inſtant de ſilence, un me demanda ſi moi-même je connoiſſois tous les objets dont je venois de leur parler; alors un peu embarraſſé de pouvoir leur répondre, de manière qu'ils puſſent me comprendre; je leur dis d'abord, que par le moyen de nos vaiſſeaux, nous allions par-tout le monde; que nous connoiſſions les différens peuples qui l'habitoient, & que quant à la connoiſſance de celui qui avoit créé toutes les beautés de l'univers, comme le ciel, la terre & l'eau, que nous étions certains qu'aucun homme n'avoit jamais eu le pouvoir de créer toutes ces choſes, & que d'après cette certitude, nous étions bien aſſurés qu'il n'y avoit qu'un grand être infiniment puiſſant, qui avoit créé toute choſe. Que c'étoit par lui que nous reſpirions, & que tous les peuples de la terre ayant la même croyance, l'adoroient tous, & s'appliquoient pour lui plaire à faire tout le bien qu'ils pouvoient faire à leurs ſemblables.

Avec un peu plus d'éloquence, j'aurois pu ſans doute leur dire quelque choſe de plus frappant, mais j'imagine que je ne me ſerois point fait entendre; puiſqu'avec mon raiſonnement ſi ſimple, ils ſe contentèrent de me dire : nous autres ... ne connoiſſons rien de tout cela. Mon maître de langue qui avoit demeuré quelque-temps avec eux, me confirma que ces peuples n'avoient aucun culte. Leur humanité fait honte cependant à des peuples plus éclairés. Leur petit pays eſt particulièrement très-fertile en coton, & on n'a que la peine de le ramaſſer. Ils ſe nourriſſent d'ailleurs fort bien, & ſont heureux dans leur ignorance.

Enſuite du pays dont je viens de

parler, on double le cap de *Naze*. A trois lieues au-dessus, est notre comptoir de Portudas, toujours du département de *Gorée*, quelquefois sous la domination du roi d'*Hamet*, & quelquefois sous celle du roi de *Baol*, suivant le succès des guerres du pays. Ce peuple parle encore, dans cet endroit, la langue Yolof; il vit comme tout ceux de cette nation, avec les mêmes productions. L'employé qui tient ce petit comptoir, y traite quelques captifs, des bœufs, du beurre, de l'huile de palme, &c. &c.

A dix lieues au-dessus de cet endroit, on trouve encore un quatrième comptoir, dépendant de Gorée à Joual; mais sous la domination d'un autre roi, nommé *Barbesin*, dont la nation se nomme Seraires, & dont le commerce est à-peu-près le même, qu'au Portudal, & la même manière des peuples, d'y vivre. Dans le voisinage de ce petit royaume, sont situées deux rivières, elles ſe nomment Bruxal & Salum ; elles peuvent mener à faire beaucoup de commerce ; mais comme il y a une barre à leur entrée, il faudroit pour négocier avec les peuples qui habitent les bords, y avoir des bateaux qui tirent peu d'eau, & y former quelques pilotes-côtiers ; ce qu'on a toujours négligé de faire. Enſuite de ces deux rivières, toujours en deſcendant la côte, on trouve la rivière de Gambie, auſſi intéreſſante pour le commerce, que celle du Sénégal ; mais preſqu'entière au pouvoir des anglais, à l'exception de notre ſeul comptoir d'*Albreda*, dont les français tirent à peine deux cens captifs & quelques milliers de cire : comme j'ai déjà parlé très-amplement de cette rivière, à l'article de nos droits négligés ſur cet endroit, je n'en dirai rien de plus.

État de toutes les marchandises avec lesquelles on fait toutes sortes de traites à la côte d'Afrique, dont quelques-unes n'ont pas cependant de cours chez certaines nations, mais sont fort recherchées chez d'autres.

SAVOIR :

Argenterie, qui ne passe guères qu'au Sénégal.

Paragues d'Hollande.

Cornets à leurs chaînes.

Grands malatous.

Petits malatous.

Chaînes de pieds.

Sifflets de marine.

Grelots.

Mortandes.

Armes.

Fusils de traite.

D°. à la grenadière.

Boucanniers.

Boucanniers.
Piſtolets à deux coups.
Dº. avec un coup.

Ambre jaune gros.
Dº. moyen.
Dº. rond.
Dº. taillée.
Baſſins de cuivre de deux livres.
Dº. d'une livre.
Chandeliers de cuivre.
Bouges ou cauris.
Bonnets de laine fine.
Barrettes de cuivre rouge.
Gros corail.
Dº. plus petit.
Dº. rond.
Cornalines longues.
Dº. rondes.
Criſtaux fins en corde.
Couteaux flamands.
Drap écarlate de Carcaſſonne.
Dº. de Berg bleu.
Revêches.

Eau-de-vie.
Écharpes de ſoye.
Fer plat en barres.
Grelots de cuivre.
Poudre à canon.
Plomb en balles.
Pierres à fuſils.
Peignes de bois.
Papier commun.

Toiles Baffetas.
De Rouen.
De Bretagne.
Platilles.
Indiennes.
Bajatapo.
Neganiſpo.
Mouchoirs de Rouen.
D°. Maſulipatam.
D°. chollet.

Verroteries

Coutres brodés à fleurs.
D°. dorés.

Compte de lait.
Gallet rouge.
D°. rayés.
Grain rayés.
Loquis taillés en brillant.
Marguerites grosses rayées.
D°. bleues.
D°. étoilées.
Olivettes citron.
D°. blanches.
D°. d'émail.
D°. bigarées.
Rasade de dix à soixante-dix livres.
Vérot blanc gros & petits.
D°. rouges.
D°. noirs.
Tabac en feuille en rolle.
Des pipes d'Hollande.
Toutes sortes d'étoffes de soye.
Des sabres.
Des chapeaux.
Parasols grands & petits. &c. &c.

Toujours en descendant la côte, dans le sud, on trouve la rivière du

Bisseau encore très-propre à beaucoup de commerce, nous y avions autrefois un fort que nous avons perdu & qu'on a tenté ensuite de rétablir ; mais le navire de la compagnie des Indes, le *Chameau*, qui portoit tous les ustensiles nécessaires pour cet établissement, s'étant lui-même perdu dans cette rivière, ce projet a été négligé ; & depuis, le commerce s'y est fait par bateau ou bringantin ; mais jamais aussi considérable que si nous y eussions eu un fort.

Cette rivière est remplie d'isles, coupées de canaux ; elles sont habitées par un très-grand nombre de nations, qui different entr'elles, autant de langage & de mœurs que si elles habitoient à mille lieues les unes des autres ; quoique très-voisines. Ces peuples sont continuellement en guerre entr'eux. Les principales isles de ces nations, sont habitées par les *Bizagots*, *les Papels*, *les Biafares*, qui se font tous la guerre ; ils viennent faire des descentes la nuit chez leurs voisins avec des grandes pirogues, qui peuvent contenir chacune cinquante ou soixante hommes. Ces peuples sont extrêmement sauvages, & on est forcé d'être toujours sur ses gardes avec eux.

Comme l'établissement que nous avions dans cette rivière, y étoit mal situé, sous le canon du fort portugais, de qui l'on éprouvoit souvent des tracasseries par jalousie de commerce ; j'estime que si le gouvernement vouloit rendre avantageuses les traites dont cette rivière est susceptible, il faudroit, sans hésiter, former un établissement sur l'isle *Boullant*, dont il est facile de démontrer les avantages, le commerce exclusif de la concession du Sénégal, depuis le Cap-Blanc jusqu'à Seralionne, inclusivement, qui est situé au-delà du Bisseau, pour tirer tous les avantages que cette étendue de côte, de plus de cent soixante lieues lui offre, doit former un établissement sur l'isle de *Boullant.*

Avant que les portugais eussent construit le fort qu'ils ont au Bisseau, les français y faisoient le même commerce qu'eux, tant sur l'isle que dans la rivière & les isles voisines. Ils prétendent aujourd'hui que leur fort doit commander la rade, & interdire aux français le commerce qu'ils ont toujours fait dans cette partie de la côte; & s'y trouvant les plus forts, ils en ont chassé nos bâtimens depuis quelques années.

La France peut facilement faire reconnoître son droit par la cour de Lisbonne; mais il ne lui convient plus d'occuper l'ancien comptoir qu'elle avoit au *Bisseau.* Se trouvant sous le canon du fort portugais, on seroit toujours exposé à des insultes, tant au comptoir sur l'isle, que dans la rade. De sorte que, pour ne point perdre le commerce de cet endroit, & nous mettre même en meilleure position que les portugais, & pour le faire avec plus d'avantage qu'eux, au lieu de nous établir au *Bisseau*, où on s'opposeroit aux fortifications, il faudroit nous établir sur l'isle de Boullant, à douze lieues dans le sud-ouest de la rade du *Bisseau*. Cette isle n'est point habitée ; les *Bizagots* qui habitent les isles voisines de *Boullant*, & les *Biaffares* habitent le continent, qui n'est éloigné que d'une lieue de cette isle, s'en disputeroient la propriété.

Boullant peut avoir douze à quinze lieues de tour. Cette isle a de fort beaux bois, où il y a des sources qui fortifient la plus grande partie de son terrein La bâtisse d'un fort y seroit peu coûteuse : on y trouveroit la pierre, le bois, le sable & l'eau au pied de la bâtisse. De cette isle on est plus à portée que du *Bisseau*, de cultiver le commerce de Riogrande, de *Gouly*, de Tambaly, où l'on traite avec les Biaffares, avec les Naldûs, & d'où l'on tire annuellement trois cens captifs & quatre à cinq milliers de morphile; de plus on peut de-là faire facilement le commerce ſur les iſles de Bizagots, & il n'eſt pas douteux qu'une grande partie de celui que font les *Papels* & les négres portugais, ſeroit apporté au fort de Boullant. Ce fort ſeroit encore à portée de pratiquer Riodegeſvle, les iſles Teſſagore & Rebolles, habitées par des négres portugais naturels du pays, dans la même rivière, ſous la domination du roi des Lendements. Enfin, de *Boullant* on peut commercer de toutes les places de commerce, de Biſſeau juſqu'au cap de *Vergue.* Il eſt certain que le département de *Boullant*, bien aſſorti en marchandiſes, n'ayant point les anglais pour concurrens, malgré le commerce des portugais, fourniroit au moins annuellement douze cens captifs, dix milliers de morphile, ou ivoire, cinq milliers d'eſcorbeil, & quatorze à quinze milliers de cire.

Le commerce de la conceſſion ſeroit diminué de toute cette partie, ſans l'établiſſement du *Boullant*; tous les lieux qui fourniſſent le commerce ci-deſſus étant trop éloignés de *Seralionne*, pour être fréquentés de ce département, qui d'ailleurs a une quantité prodigieuſe d'iſles & de rivières qui doivent augmenter ce commerce.

L'iſle de *Boullant* eſt entourée d'eau & de bancs qui empêchent les vaiſſeaux de force d'en approcher de plus près que cinq à ſix lieues; c'eſt une ſûreté pour le fort qu'on y établiroit. Cette iſle, quoique par les onze dégrés de latitude nord, eſt très-tempérée par les vents du nord-oueſt qui y regnent; elle eſt auſſi très-ſaine & très-fertile, & peut recevoir toutes ſortes de cultures; on n'y connoît aucune bête féroce, ni ſerpents, & on y trouve des biches par troupeaux, des buffles, & quelques éléphans, auxquels les bigazots & biafares viennent faire la chaſſe, pour en vendre les dents aux blancs. Enfin, cette isle est inhabitée : nous pouvons l'occuper toute entière, en y formant une colonie qui prospéreroit promptement, vu la bonté du terrein & du climat, & y occasionneroit une grande augmentation de commerce.

Un petit fort bien situé, avec douze pièces de canon, quelques petites redoutes autour de l'isle nous en assureroient la possession tranquille, & l'entretien de deux bateaux de vingt-cinq à trente tonneaux, avec cinq à six chaloupes pontées, suffiroient pour en pratiquer tout le commerce.

Après la rivière de *Bisseau*, toujours en descendant la côte, on trouve celle de *Seralionne*, peu fréquentée par les français : les anglais y ont un comptoir; il s'y traite peu de captifs & du *morphile*; les navires qui se destinent à traiter au bas de la côte, prennent le large, & ne vont reconnoître la terre qu'au Cap de *Monte*; ils vont ensuite faire une relâche à Mesurade ou à la rivière Saint-Paul, qui en est peu éloignée, pour y faire de l'eau & du bois, & y traiter du riz autant qu'ils en ont besoin : il n'y a que de très-petites embarquations qui puissent monter au haut de ces deux rivières que particuliérement les anglais fréquentent. De ces relâches, nos navires descendent à Popo, à Juda, Epée, & Badagry, en rangeant la côte près de terre, & à la vue de onze ou douze forts hollandais & autant de forts anglais, qui sont à Saint-Antoine; les trois pointes Saint-Georges de la Mine, le Cap Corce, Ninga, Acra, Seconda, Discove, Botzo, Tincorazy, Commendo, &c. &c.

Le fort *Saint-Georges de la Mine* est le chef lieu de tous les autres forts hollandais situés le long de cette partie de la côte, où le général fait sa résidence, comme le fort *Cap Corse* est le chef-lieu des établissemens à cette côte, où le général fait de même sa résidence, &

d'où il donne ſes ordres dans ces petits forts qui verſent dans le chef-lieu les objets de leur commerce, qui eſt très-étendu en captifs, en cire, yvoire, & en or, dont les mines ſont en grand nombre.

Différentes nations négres en ſont les maîtres; mais elles ne ſavent point les exploiter. Chez la plus grande partie de ces nations, il n'eſt permis par la loi ou religion du pays qu'aux ſeules femmes, d'y travailler ſix ſemaines de l'année, de la manière ſuivante:

Ces femmes n'ont d'autres uſtenſiles pour ſéparer l'or d'avec la terre, que deux ou trois grandes gamelles de bois, remplies d'eau; elles prennent indifféremment, à trois ou quatre pieds de profondeur, de la terre de ces mines, & rempliſſent leur vaſe à moitié: elles verſent de l'eau par-deſſus, & puis broient cette terre à tour de bras; elles inclinent enſuite leur gamelle, & laiſſent couler l'eau & la terre très-doucement, elles répetent cette opération, jusqu'à ce qu'il ne reste plus au fond du vase que les paillettes d'or, qu'elles ramassent & qu'elles emportent le soir chez elles.

Les femmes minoises des environs du fort de la Mine, font la même opération avec moins de travail; car, presqu'au pied de leur case, elles attendent qu'il vienne de fortes pluies d'orage; & aussi-tôt qu'elles sont passées, elles lavent le sable des endroits où les torrens les plus rapides forment des ruisseaux. Elle ramassent l'or qu'elles y trouvent, de la même manière qu'il vient d'être dit. Si par un moyen si simple elles retirent de la terre autant d'or, il est facile d'imaginer la quantité prodigieuse que rendroient ces mines, si elles étoient ouvertes & exploitées par des mineurs intelligens.

Cependant, l'on doit observer que quant à l'or qu'elles ramassent dans le sable, il ne provient point du terrein; mais il y est apporté des montagnes où sont les mines, par les torrens d'eau qui les charient. On eſt ſi aſſuré de l'abondance de ces riches mines, qu'il eſt une nation à cent lieues dans les terres du fort de la Mine, nommé les *Argentains*, qui, ſans avoir plus d'induſtrie que ceux des environs de la mer, ont chez eux une ſi grande quantité d'or, que les portes des caſes du roi, en ſont recouvertes, & que dans les marchés, les marchandiſes les plus viles, s'y vendent en or. Ils en connoiſſent ſi peu la véritable valeur, par rapport à nous, qu'en 1747 ou 1748, le roi ayant entendu parler qu'à dix journées de chez lui, il y avoit des blancs qui poſſédoient toutes ſortes d'étoffes, avec une infinité d'autres marchandiſes, qui eſtimoient l'or; il ſe décida d'envoyer un détachement d'une centaine d'hommes, avec une quantité prodigieuſe de poudre d'or, & même des morceaux de trois ou quatre onces, qui n'avoient pas encore été fondus. Ce détachement arrivé au fort de la Mine penſa faire tourner la tête aux hollandais ; mais cependant pas assez pour les empêcher de s'occuper d'en tirer partie : à cet effet, après avoir vendu à ce détachement toutes les marchandises qui se trouvèrent alors dans le fort ; les employés vendirent jusqu'à leurs chemises & les chaises de leurs chambres. Cet événement fit ouvrir les yeux au gouverneur - général hollandais, qui étoit alors M. *Wauvort*, homme de mérite, qui avoit auparavant commandé à *Batavia*, & qu'on avoit envoyé au fort de la Mine, pour qu'il eût occasion de réparer quelques brèches faites à sa fortune ; il comprit alors combien il étoit intéressant pour lui & pour sa patrie, de s'ouvrir un chemin chez les Argentains, afin d'y faire le plus brillant commerce.

Dans cette vue, il envoya des présens au roi, & proposa à un de ses employés d'aller lui-même faire cette espèce d'ambassade. L'apât des richesses le lui fit aussi-tôt accepter. Cet envoyé partit donc avec le détachement, & chargé de présens pour le roi, il arriva très-heureusement ; ce prince le reçut avec bonté, & lui promit tout ce que le gouverneur hollandais lui faisait demander.

Ce blanc vérifia que tout ce qu'on lui avoit annoncé des richesses du pays, étoit très-véritable, & il y séjourna deux ou trois mois, pour prendre le plus de connoissances qu'il pourroit; après quoi, il s'en revint au fort, comblé de présens en or, avec lesquels il repassa en Hollande, sa patrie.

Malgré tout cela, cette brillante découverte n'a pas eu une suite aussi heureuse que M. *Wauvort* avoit eu lieu de l'espérer; car dans le même-temps que le roi des Argentains se disposoit à envoyer une seconde fois au fort des hollandais, pour y faire une opération de commerce plus forte que la première; il apprit qu'un autre roi, nommé Inguif, ayant été informé qu'il alloit augmenter ses

ses forces, par ses liaisons avec les blancs, de qui il attendoit des fusils & de la poudre ; il apprit, dis-je, que ce roi venoit de prendre possession d'un pays, situé entre le sien & le fort de la Mine, à cinquante lieues de distance de l'un & de l'autre. Il s'y établit avec cinquante mille hommes, de manière qu'il coupoit toute communication, entre son ennemi & les blancs. Ce projet lui a si bien réussi, que depuis ce temps, il n'a plus été possible à M. Wauvort, ni à ses successeurs, de suivre son premier projet, ni même d'envoyer des émissaires chez le roi des Argentains, ni, enfin, d'en avoir des nouvelles. Cependant cinq à six ans après, le dernier prince envoya de nouveau un détachement avec beaucoup d'or, non pas au fort de la Mine, puisqu'il en étoit empêché par ses ennemis, qui fermoient les chemins ; mais bien au seul fort que les Danois ayent à la Côte, situé à environ soixante lieues de la Mine, dans le sud-est. Ce détachement, qui est parvenu sans passer sur les terres du roi *Jugnif*, a acheté encore cette fois avec son or, tout ce qui étoit dans le fort danois. Depuis ce tems, l'on n'a plus entendu parler des argentains.

Tout ce qui vient d'être dit, prouve les richesses immenses que renferme la Côte d'Or.

Il est encore une autre mine plus riche, dit-on, que toutes les autres, située à douze lieues, dans les terres, dont on voit la montagne en passant; mais il est défendu d'y toucher, par la loi du pays, sous peine de la vie.

Le cap Corse, comme je l'ai dit, est le chef-lieu des établissemens anglais à cette Côte. Il n'est éloigné que de deux lieues du fort de la Mine, & partage avec ce dernier, le commerce du pays. Les français ayant compris, que de toutes les nations de l'Europe, la nation française étoit celle qui avoit le plus besoin de bras négres, pour exploiter ses habitations d'Amérique ; & que pour s'en procurer, elle n'avoit que la concession du Sénégal, & *Juda* qu'on pouvoit perdre dans une seule guerre, les français ont donc tenté de faire un nouvel établissement à Namabon, près le cap Corse, qui étoit effectivement l'endroit le mieux choisi de la côte, pour y faire un commerce très-étendu ; mais l'opération a été si mal concertée, qu'elle a échoué par les lenteurs de l'ancienne compagnie des Indes ; elle y envoya d'abord M. du *Bourdieu*, homme très-capable, qui connoissoit bien le pays ; mais sans autre pouvoir que de demander aux chef de *Namabon*, s'ils consentoient que nous formassions un établissement chez eux. Non-seulement ils le permirent, mais encore ils remirent au sieur de *Bourdieu*, les deux fils du chef, pour ôtages de leur parole ; il les a effectivement amenés à Paris. Cependant cela ne détermina pas encore la compagnie des Indes, & ce ne fut que très-long-temps après qu'elle obtint du ministre, deux vaissaux de de guerre, & qu'elle chargea encore le sieur de *Bourdieu* de cette opération.

Cet armement se fit lentement, & avec si peu de secret, que les anglais en furent informés, & conçurent aussi-tôt le projet de s'établir eux-mêmes à *Namabon*, quoiqu'ils eussent déjà un fort à dix lieues de là ; à cet effet, ils armèrent dans très-peu de temps, trois ou quatre vaisseaux de guerre & une frégate, dans lesquels vaissaux, ils firent charger un fort en bois prêt à monter, avec tous les matériaux & les ouvriers nécessaires pour s'y établir, de sorte qu'ils y arrivèrent huit jours avant nous, & à peine les deux vaissaux français y furent-ils mouillés en rade, qu'il leur fut signifié par les anglais, qu'on ne leur accordoit que vingt-quatre heures pour appareiller. C'est ainsi que cette expédition a manqué. Je n'en ai parlé que pour faire voir que si cet armement avoit été fait avec plus de secret, & qu'on y eût apporté moins de lenteur, il étoit impossible qu'il manquât.

Après avoir dépassé tous les établissemens anglais & hollandais, il n'est plus question de mine d'or. On arrive à la rivière de *Volte*, qui n'est guères connue qu'aux environs de son embouchure, quoiqu'elle soit fort large; elle ne permet pas de la remonter contre son courant, parce qu'elle est couverte de jones & de broussailles qui en empêchent la navigation. Il y a une quantité prodigieuse de rivières tout le long de la côte, depuis celle de *Bissean* jusqu'à *Juda*. Il y en a tant, qu'on peut en compter quarante, dans lesquelles, si on vouloit pénétrer, l'on découvriroit encore bien des peuples inconnus, & sans lesquels on ne connoîtra jamais l'intérieur de l'Afrique; car, n'en déplaise à messieurs nos géographes, tous les royaumes qu'ils placent sur leurs cartes y sont placés au hazard, parce que personne n'y a jamais été, si ce n'est dans le haut de la rivière du Sénégal & de Gambie, parce qu'elles sont navigables, & que par-tout ailleurs il est impossible d'avoir des connoissances de l'intérieur du pays au loin, parce que pour y aller il faudroit traverser tant de différentes nations, souvent barbares, que les blancs qui seroient assez intrépides pour entreprendre d'y voyager, seroient certains d'avoir le col coupé avant d'y arriver. On peut assurer, sans exagérer, que le nombre de langues des différens peuples de l'Afrique est peut-être aussi considérable que celui des trois autres parties du monde.

Les seuls renseignemens que nous pouvons prendre de l'intérieur des terres, est de faire des questions aux captifs que nous traitons, & qui, à leurs marques au visage, nous paroissent venir de très-loin (presque toutes ces nations ont chacune la leur;) notre première question, dis-je, est de leur demander combien de jours ils ont été en chemin, & lorſqu'ils répondent, cinquante ou ſoixante jours, quelquefois plus, & qu'ils ont été vendus à dix marchés différens en route ; on leur montre enſuite le ſoleil levant & le ſoleil couchant, & on leur demande, ſi leur pays eſt à droite ou à gauche de cet aſtre. De-là, on eſtime autant qu'il eſt poſſible, ſi ces captifs viennent de trois, quatre ou cinq cens lieues. Et c'eſt ſans doute ſur de pareils renſeignemens qu'on place ſur les cartes leurs royaumes, véritablement inconnus, même à ceux qui ont ſéjourné le plus long-temps à la côte.

Après la rivière de Volte, ou rivière ſans fond, l'on trouve deux petits ports, l'un nommé le petit *Popo* & l'autre le grand *Popo* ; l'un à douze lieues dans le nord de Juda, & l'autre à ſept lieues. Il ne ſe fait dans l'un & dans l'autre que très-peu de commerce. Ces deux endroits ſont habités par des judaïques naturels du pays. Les navires n'y restent que quelques jours, & descendent ensuite à Juda, où ce commerce autrefois présentoit de grands avantages. Ce royaume est gouverné par *Dada*, roi des *dahomets*; il appartenoit encore en 1720 aux judaïques, qui sont les vrais naturels du pays. *Ardres* étoit autrefois l'endroit & la ville principale, où le roi des judaïques faisoit sa résidence. Il en reste encore des vestiges, qui prouvent que cette ville a été considérable, ayant quatre à cinq lieues de circonférence. Ces peuples ont perdu leur pays par la révolution suivante. En 1720 ou 1721, le roi des judaïques, maître d'un bon pays, bien peuplé, & d'un grand commerce, laissa, en mourant, son royaume à ses deux fils, auxquels il le partagea, mais pas assez également sans doute, puisque l'un des deux se trouva le plus fort, ce qui fit naître une jalousie & une discorde entr'eux, dont il résulta une guerre, qui fit perdre à tous les deux leur pays. Le plus foible, s'appercevant qu'il ne pouvoit résister aux forces de son frère, s'avisa de demander du secours à certain partisan, nommé *Dada*, qui avoit trouvé le secret de ramasser neuf à dix mille hommes déterminés, qu'il louoit, en payant, à ceux qui avoient besoin de son service, à la tête desquels il marchoit pour faire la guerre, & toujours à celui qui payoit le plus. Il envoya donc proposer à ce partisan de venir, avec toutes ses forces, se joindre à lui, pour faire la guerre à son frère; ce qui fut accepté & exécuté. Il marcha donc, avec son renfort, droit à son frère, qu'il vainquit dans une bataille sanglante. Le partisan fit quinze à seize cens prisonniers, qu'il garda pour son compte, pour les vendre à son profit, & en gratifier une partie de ses troupes. Ensuite, il les assembla, avec les chefs qui servoient sous lui, les plaça à ses côtés, & les harangua à-peu-près de la manière suivante:

» Il y a bientôt vingt ans, mes amis, que nous habitons les bois, où nous sommes errans & sans demeure fixe. Je vous propose aujourd'hui de profiter des avantages que la fortune nous offre. Nous venons de vaincre par votre valeur le plus fort des deux rois judaïques ; par cette raison, il ne nous sera pas difficile de vaincre le plus foible, qui nous a fait appeller, & qui ne peut nous faire aucune résistance. Prenons possession de ce bon pays, nous y ferons fleurir le commerce qui s'y fait déjà ; nous nous procurerons, avec les blancs, quantité d'armes à feu, & nous jouirons de notre victoire. Voilà mon avis, que je vous invite à suivre. »

Aussitôt sa petite armée s'empressa de donner des signes d'approbation à sa proposition, par des cris de joie & d'applaudissemens. Il leur fit distribuer partie des dépouilles qu'il venoit de conquérir, & sans perdre un moment, il se rendit au camp du roi qu'il trahissoit, avec ſes troupes bien préparées en cas d'événement ; il l'invite d'aſſembler ſes grands, & leur dit que toute ſon armée & ſes chefs entendoient reſter, & occuper le pays qu'ils venoient de conquérir, & y joindre le ſien propre ; que s'il y conſentoit, il ſeroit le ſecond après lui ; que tous les grands ſeroient placés convenablement, ſuivant les places qu'ils occupoient auparavant. Qu'ils devoient ſe ſouvenir que les judaïques ne ſavoient point faire la guerre, & que s'il oppoſoit la moindre réſiſtance à ſes propoſitions, il alloit à l'inſtant commencer les hoſtilités.

Quoique le roi judaïque eût infiniment plus de force que lui, il n'oſa néanmoins ſoutenir une guerre contre ce petit chef de parti, dont le ſeul nom, par ſa valeur, faiſoit trembler tous les pays voiſins. Il conſentit donc de renoncer à gouverner, non-ſeulement le pays de ſon frère, mais celui qui lui appartenoit. Il acquieſça à tout ce qui venoit de lui être proposé; mais, quelques jours après, une partie de ses peuples & de ses grands s'enfuirent, & se dispersèrent, à Epée, à Badagry, & aux deux petits ports de Popo, où ils sont encore. En se divisant, ils se perdirent; car leurs forces suffisoient pour écraser trois armées comme celle de leur vainqueur. Le peu qui sont restés dans le pays, ayant été insensiblement pillés plusieurs fois, se sont sauvés avec le restant de leurs compatriotes; de manière que *Dada*, devenu roi des dahomets, est resté paisible possesseur de leur pays. Comme ce prince étoit un grand homme dans son espèce, de beaucoup d'esprit & d'une valeur incroyable, il a sçu se maintenir & affermir dans son usurpation, & attirer beaucoup de commerce chez lui. Redouté de tous ses voisins, il auroit étendu considérablement ses conquêtes, s'il n'en eût été empêché par une quantité prodigieuse de rivières dont les confins de son pays ſont coupés ; mais, réduit à celui qu'il a conquis, il s'y eſt au moins conſervé, & y a fait fleurir le commerce, au point que, de ſon règne, il s'expédioit quinze à ſeize navires par an, de différentes nations.

Les portugais n'y traitoient alors, preſque toutes leurs cargaiſons, qu'en poudre d'or, avec laquelle le roi payoit toutes les étoffes de ſoieries qui lui étoient préſentées.

Le peuple de ce pays eſt d'une bravoure qui va à l'intrépidité ; & quoique guerrier, il ne laiſſe pas d'être induſtrieux. On y fait de très-belles cannes d'ivoire, de trois pieds & demi, d'un ſeul morceau, & des maſſues cannelées par un bout, faites d'une ſeule dent d'éléphant. Pour cette canne ou cette maſſue, ils emploient ſouvent cent vingt à cent cinquante livres d'ivoire, parce qu'ils n'ont pas les outils néceſſaires pour ſcier ces dents dans leur longueur ; mais ces cannes ou ces maſſues font aussi bien travaillées que nos ouvriers d'Europe pourroient le faire. Ils font aussi de jolis paniers en paille, de diverses couleurs. En outre, des pagues de coton, dont ils se vêtissent; ils en fabriquent encore d'autres, avec la pelure des feuilles de lataniers, qu'ils fendent par fils & qu'ils attachent au bout l'un de l'autre; ils en font une étoffe, que les français nomment des pailles, & qu'on achète à si bon compte chez eux, qu'on ne paye communément une pièce de cinq aunes qu'une pinte d'eau-de-vie, mais un peu davantage lorsqu'elles sont fines. Les blancs s'en font quelquefois des habits, qui ne changent jamais de la couleur de paille même, les laissa-t-on plusieurs jours dans l'eau. Néanmoins il n'y a que le bas peuple qui se couvre de cette étoffe. Ils préfèrent celles de coton, telles que nos siamoises, toile de coton, bajutap, & autres étoffes de Rouen & de l'Inde, que nous leur portons, mais par-dessus tout, nos étoffes de ſoie, comme velours, ſatin, damas, &c.; mais il n'y a que le roi qui puiſſe en porter, & quelques grands, à qui il donne la permiſſion, ſuivant leur dignité.

Ces négres ſe nourriſſent en général à-peu-près des mêmes alimens que tous ceux de la côte; c'eſt-à-dire, de maïs, de patates, cabris, millet, poules, poiſſons, &c. &c. quoique préparés différemment.

Ces peuples, malgré le deſpotiſme & les cruautés de leur roi, lui portent une ſoumiſſion, une réſignation & un reſpect incroyable pour toutes ſes volontés. Ils ne le voyent cependant que quatre ou cinq minutes, une fois l'an, lorſqu'il vient ſe préſenter ſur une eſpèce d'amphithéâtre, à une fête qu'il donne chaque année pour l'anniverſaire de la mort de ſon père, dans laquelle il ſe commet des actes de cruauté qui font frémir, & dont il va bientôt être parlé plus amplement.

Je viens de dire que le peuple ne voyoit son roi qu'une fois l'an, parce qu'effectivement, quand il sort de ses cases, ce qui arrive très-rarement, il sort dans des espèces de palanquins fermés, accompagné de dix à douze autres pareilles voitures, également fermées, & portées sur les épaules de ses porteurs, de manière qu'on ne sait jamais dans lequel il est.

Gouvernement du pays des Dahomets.

Le fils du roi qui a ſuccédé à ſon père, par qui ce pays a été conquis, eſt bien éloigné de ſon mérite, & de continuer ſes grandes entrepriſes. Il fait ſa réſidence ordinaire à Bomé, diſtant de trente lieues des forts français, anglais & portugais. Il ne peut, dans aucun cas, venir les viſiter, par une loi du pays, qui défend au ſouverain de voir ni d'approcher des bords de la mer. Enfermé dans ſes vaſtes caſes, dont les principales ſont garnies ſur le faîtage d'un nombre infini de têtes de mort, ce ſont celles des ennemis tués à la guerre, ou de ceux ſacrifiés chaque année aux mânes de ſon père, pour l'aller ſervir dans l'autre monde.

L'enceinte de ſon palais, ou caſe,

comme on voudra le nommer, a plus d'une lieue de tour; & là, il n'y est gardé intérieurement que par ses femmes, qui sont au nombre de deux ou trois mille ; elles sont comme enrégimentées ; leurs chefs femelles portent le même nom que les chefs des hommes employés à la guerre.

Le respect que ces peuples portent à leur roi, va jusqu'à l'idolâtrie, & son despotisme n'a point, je crois, d'exemple ailleurs. Aucun de ses sujets ne peut l'approcher ; quelquefois ses enfans, à qui par politique il ne donne aucun grade dans l'état, ou son grand général, lorsqu'il le fait appeller, les uns & les autres, après avoir obtenu l'ouverture de la première porte, qui est toujours gardée par les femmes: elles prononcent hautement *ago*, elles le répètent souvent ; ce qui signifie en ce moment : *c'est avec permission*, & dans une autre occasion le même mot signifie *éloignez-vous*, *détournez la tête*, ce *ſont les ordres du roi.* Ainſi introduit dans une vaſte cour, on trouve dans une caſe une autre femme ou gardienne, qui dans une autre caſe introduit celui qui doit être préſenté. A l'approche du roi, il ne lui eſt plus permis de marcher ſur ſes pieds; il ſe couche ventre à terre, prend du ſable dans ſes deux mains, & ſe le verſe ſur la tête & ſur le dos, & marche ſur ſes deux coudes & ſes genoux, ſi l'on peut appeller marcher cette manière de ſe traîner; enfin, arrivé à dix pas de diſtance du roi, il reſte dans cette attitude, ventre à terre, tout le temps que dure l'audience, & à chaque fois que le prince a approuvé ſa conduite, on lui accorde quelques petites graces. Il réitère le cérémonial de prendre du ſable, & de ſe le jetter ſur la tête & ſur le dos, en marque d'humilité, de reſpect & de reconnoiſſances pour les bontés de ſon maître.

L'audience finie, le roi ſe retire,

paſſe dans une autre caſe, & le ſujet ſe retire, avec les mêmes marques de ſoumiſſion.

Le deſpotiſme du roi eſt ſi étendu, que lorſqu'un de ſes ſujets en place ou non en place, a fait quelque choſe de mal à ſes yeux, il l'envoye chercher & donne ordre à un homme qui ne fait que la fonction de bourreau, de lui couper la tête, ſans autre forme de procès. Elle eſt apportée auſſi-tôt devant lui ſans que cet acte de violence & de cruauté cauſe jamais la moindre ſédition.

Ce prince tient en tout temps une petite armée qui ne ſe diſperſe jamais. Lorſqu'il eſt beſoin d'y faire des remplacemens ou de l'augmenter, chaque village eſt obligé de fournir des hommes toujours choiſis jeunes, afin de les accoutumer aux fatigues de la guerre & à la frugalité. Cette armée eſt commandée par ſon grand-général, nommé Agaon, ſa place lui donne ce nom; cette armée n'a jamais été défaite ni même battue.

Elle eſt regardée par les peuples voiſins comme invincible, elle fait trembler tous ceux qui ont à s'en défendre; ils prétendent même que ſi cette armée étoit vaincue, n'en reſtat-il qu'un ſeul qui en viendroit donner la nouvelle, il auroit ſur le champ la tête coupée. Si cette loi eſt barbare & digne du ſouverain qui l'a faite, il faut au moins convenir qu'elle maintient l'eſprit de bravoure de cette armée, & jette la terreur parmi les voiſins qu'ils vont ſans ceſſe piller; mais comme ils ne peuvent toujours y réuſſir, cela oblige le roi de piller ou de faire voler ſes propres ſujets.

Il fait vendre dans ſes preſſans beſoins, des femmes de ſes caſes, qui proviennent du tribut que chaque particulier eſt obligé de lui payer, en lui donnant une de ſes filles; au point qu'on eſt étonné que ce pays ſoit encore ſous la même domination que le nom ſeul ſoutient; mais qui ne pourra encore exister long-temps, sans être envahi par les judaïques, naturels du pays disper-sés, & qui y seroient déjà rentrés, s'ils étoient plus courageux, & de meilleure intelligence entr'eux; car il en reste encore un si grand nombre, que les dahomets ne pourroient leur résister.

Lorsque le roi a besoin d'avoir des marchandises & des cauris, qui est la monnoie du pays, il envoye vendre en secret huit à dix jeunes filles dans nos forts, ou au capitaine des navires; & pour qu'elles ne soient pas reconnues le long des chemins, il les fait conduire la tête couverte par deux ou trois de ses gens. S'ils apperçoivent quelqu'un, l'un d'eux a grand soin de crier *ago*, ce qui signifie passant, *détournez-vous promptement de mon chemin, c'est de l'ordre du roi.* De cette manière, les pauvres père & mère qui ont mis leurs filles dans les cases du souverain, pour être employées à ses plaisirs, sont loin de penſer qu'elles ſont vendues aux blancs.

Lorſqu'un nouveau commandant, deſtiné pour un des trois forts, ſoit français, anglais ou portugais, arrive à Gregoy, qui eſt dans le royaume de *Juda*, le roi des dahomets lui envoie auſſi-tôt un ou deux de ſes valets, ou gardes-du-corps, avec la canne du prince, qui eſt la marque qu'on vient de ſa part. Cet envoyé, en arrivant à Gregoy, va deſcendre chez Yavogan, mot qui ſignifie: gouverneur pour le roi auprès des blancs. Il lui fait part du ſujet de ſa miſſion. Le gouverneur négre, après l'avoir entendu, aſſemble auſſi-tôt la ſuite de ſa dignité, qui conſiſte ordinairement en ſoixante ou ſoixante-dix hommes armés, qui marchent en tête, chantant ſes louanges, & tirant force coups de fuſils, pour lui faire honneur. Derrière le cortége, eſt placé Yavogand, ſous un très-grand paraſol, qu'un homme placé derrière lui, porte au-dessus de sa tête. Plusieurs domestique suivent, portant sa chaire de dignité, & quelquefois ce *Yavogan*, a le corps couvert d'un grand cordon de corail, comme le portent nos cordons bleus, & nos cordons rouges, suivant sa dignité.

Il amène avec lui l'envoyé du roi, qui a la moitié de la tête rasée, l'autre moitié de la tête avec tous ses cheveux, une bandoulière, comme nos gardes-du-corps, si ce n'est qu'elle est composée de quatorze à quinze rangs de dents d'hommes, enfilées les unes contre les autres, & pour tout vêtement, une espèce de petit jupon de soie, de vingt à vingt-deux pouces de hauteur; il est placé sur les reins, & il lui couvre le bas des genoux.

Avec cette suite, qui fait grand bruit le long du chemin, ils se rendent tous au fort, à l'appartement du nouveau commandant, où l'on ne laisse entrer que l'envoyé du roi, avec *Yavogan* &

quelques-uns de ſes valets ; le reſte ſe tient en bas, au pied de l'eſcalier. Arrivé à la chambre d'audience, chacun ſe place aſſis par terre ; le ſeul *Yavogan* a la permiſſion de s'aſſeoir ſur une chaiſe, & le nouveau commandant des forts à ſes côtés. Alors l'envoyé du roi, aſſis à terre, au pied du *Yavogan*, lui remet entre les mains la canne de ſon maître.

Auſſi-tôt *Yavogan*, avant de parler, tire cette canne de ſon fourreau : à cette vue chaque négre, de quelque qualité qu'il ſoit, eſt obligé de ſe jetter à plat ventre, le viſage en terre, de ſe couvrir la tête de pouſſière. Après cette marque de reſpect, le gouverneur négre met la canne entre les mains du nouveau commandant, & lui fait part des ordres qu'il vient de recevoir, qui conſiſtent ordinairement à lui dire que le roi, ayant appris ſon arrivée au fort, il lui envoie faire ſes complimens, & le prier de le venir voir au plutôt, pour faire connoiſſance avec lui, & concerter enſemble les arrangemens du commerce.

Enſuite, l'on congédie l'envoyé, avec quelque petit préſent. Le lendemain le nouveau commandant du fort envoie, à ſon tour, ſon interprète, avec ſa canne, chez le prince, le remercier, & lui annoncer qu'il ira le voir dans huit ou quinze jours, ſuivant que ſes affaires & ſa ſanté le lui permettront. Enſuite, pour effectuer ſa promeſſe, & rendre ſon voyage fructueux, il ramaſſe tout ce qu'il a apporté de plus précieux d'Europe pour ce ſouverain, comme velours, ſatins, damas, & grands paraſols d'étoffes d'or, capables de couvrir douze perſonnes. Ce paraſol ſe vend toujours fort cher, & donne un très-grand bénéfice.

Quand le gouverneur a préparé ſes préſens pour le roi, il part en *hamac*, qui eſt la voiture des blancs, avec ſept à huit porteurs pour ſe relever; ces porteurs ſont des captifs du fort, que l'on nomme acquerats. Son cortège eſt compoſé de ſon interprète & de ſes domeſtiques. Le voyage eſt ordinairement de trois jours. Lorſqu'il eſt prêt d'arriver, c'eſt-à-dire, à deux ou trois lieues de *Bomé* (demeure du roi), ce prince lui envoie d'abord, comme pour lui donner idée de ſa grandeur, une compagnie de trente à quarante *hommes ſinges*, c'eſt-dire, de très-petits hommes, de trois pieds, trois pieds & demi, diſgraciés de la nature, & ſouvent contrefaits, qu'il fait chercher & acheter dans les terres, & enſuite habiller de peaux de grands ſinges, à qui on laiſſe une queue énorme.

Cette compagnie a ſon capitaine de même taille, qui les commande; & ainſi vêtu, il vient avec ſa troupe au-devant du nouveau commandant; & dès qu'il le voit, il ſe met à gambader, & à faire les ſingeries des véritables ſinges. Enfin, arrivé près de lui, il s'arrête, & le capitaine vient complimenter le blanc, de la part de son maître, & lui présente à se rafraîchir souvent : c'est un verre de mauvais vin, ou d'eau-de-vie. Il faut boire à la santé du roi, ce qu'on ne peut refuser.

Cette cérémonie faite, les singes s'en retournent comme ils sont venus, en gambadant, & l'on continue son chemin; mais une demi-heure après, on reçoit une nouvelle députation, non moins étrange, composée d'une compagnie d'eunuques. Le roi en fait opérer douze chaque année, de la même manière que nos *Castrats* italiens, sans plus de retranchement; puisque, parvenus à l'âge de vingt ans, le roi les marie, & les femmes d'ailleurs les préférent souvent aux hommes ordinaires. Ces êtres ne sont utiles en rien au roi, qu'à satisfaire sa vanité. Ils sont habillés en femmes, ils font la révérence en femme, avec un capitaine en tête, qui aborde le nouveau commandant avec autant d'humilité &

de détresse apparente, que les singes marquent de gaieté. Alors se renouvelle la même cérémonie, de nouveaux complimens de la part du roi, & la présentation d'un verre de vin, pour boire à sa santé; & ces hommes-femmes se retirent: mais on n'est pas encore quitte pour ces deux seules députations.

A un quart-de-lieue de *Bomé*, tout prêt d'arriver, il vient au-devant de vous une troisième compagnie, plus nombreuse que les premières, composés de soldats, ou de gardes-du-corps, qui ne gardent cependant le roi que hors de son logement. Ces hommes sont grands, forts & robustes; ils portent sur la tête un bonnet ou casque de peau d'éléphant, auquel est attachée une queue de cet animal avec tous ses crins, en forme de panache à la romaine; une bandoulière, composée de quatorze à quinze rangs de dents d'hommes enfilées, bien serrées les unes contre les autres; un sabre court, mais dont la lame a trois pouces & demi ou quatre pouces de largeur ; un petit eſpingol ſur le bras, en forme de fuſil ; & pour tout vêtement, un morceau d'étoffe de ſoie ou de coton, qui pend juſqu'au bas du genouil. L'aſpect de ces troupes a quelque choſe d'impoſant, & même d'effrayant pour ceux qui la voient la première fois. Ils donnent la premiere idée du deſpote qui les entretient. Le chef de cette troupe vient donc au-devant de vous, comme les deux précédens, avec ſa troupe, à qui il fait tirer force coups d'eſpingols, pour faire honneur au nouvel arrivé, qu'il accoſte avec les mêmes complimens que les premiers. Il l'invite encore à boire à la ſanté du roi, & le conduit avec toute ſa troupe juſques ſur la place où réſide ſon ſouverain.

Alors le miniſtre vient prendre le gouverneur, qui eſt toujours porté dans ſon hamac ; on lui fait faire le tour de la prinipale caſe du roi, au bruit d'une grande mouſquetade qu'ils accompagnent de leurs chants. On dit que ce prince, pendant cette promenade, se tient à un premier étage, & s'amuse à examiner par une ouverture la cérémonie du cortège; ensuite le gouverneur est conduit par le ministre au logement qui lui est destiné; il le félicite de la part du roi son maître de son heureuse arrivée; & le moment d'après, il le fait saluer de neuf coups de canon, & lui envoie sa canne, avec un valet, qui lui coûte autant de petites pierres, qu'il a été tiré de coups de canons.

Cela est accompagné d'une provision de vivres pour lui & pour ses gens, & de la promesse qu'il lui fait de lui donner une audience pour le lendemain. Le gouverneur se rend à l'heure indiquée, accompagné de son interprète & du ministre, qui vient le chercher : on est obligé de s'habiller avec l'épée au côté, malgré la chaleur, parce que le roi connoît le costume de ce cérémonial.

Après avoir passé plusieurs vastes cours,

l'on parvient enfin à une, où sont construits des espèces d'hangards, sous l'un desquels est le roi, assis sur un fauteuil, & dessous un tapis, vêtu de deux panes de velours ou de satin bleu ou cramoisi, ayant cinq à six femmes assises à terre sur le tapis, dont l'une lui tient un bassin d'or, dans lequel il crache; deux autres s'occupent à lui chasser les mouches. A son approche le ministre se jette à terre, & n'approche sa personne qu'en rampant, comme il a été dit, & en restant néanmoins à huit ou neuf pas du prince. Le blanc trouve là un fauteuil, qui lui est préparé, & où il est invité de s'asseoir. L'interprête, à terre au pied de son fauteuil, & le ministre, ventre à terre, la tête un peu tournée, pour n'être point en face de celle du roi, reçoit le discours qu'il veut faire passer au nouvel arrivé, qui le rend à l'interprête dans la même langue du pays, lequel interprête rend à son tour au blanc ce qui lui a été ordonn donné de dire. On lui répond de la même manière par la voie de ces deux truchemens.

Un ſeul ſuffiroit ſans doute pour s'entretenir ; mais la vanité a fait trouver à Dahomet qu'il y avoit plus de dignité de n'avoir point à parler directement à un interprète, & qu'il étoit plus grand de s'adreſſer à ſon miniſtre. Enfin, après que dans cet entretien on s'eſt dit réciproquement ce qu'il intéreſſe de dire, ſi vous deſirez reſter quelques jours, ou ſi vous deſirez vous en retourner, alors il vous fait ſon préſent d'uſage, qui eſt une jeune négreſſe de quatorze à quinze ans, qu'il nomme votre blanchiſſeuſe, avec un ou deux grands tapis de ſoie & coton, fabriqués fort loin dans les terres, & quelquefois une canne d'ivoire avec des cauris, qui ſont la monnoie du pays, quelques cabris, & de l'eau-de-vie pour votre monde. Ces cadeaux ſont ordinairement faits à l'audience de congé ;

après laquelle on part pour revenir au fort Saint-Louis de Gregoy.

Dans ce premier voyage chez le roi des Dahomets, on n'y voit rien d'intéressant si ce n'est par la nouveauté des usages inconnus ailleurs, & qui prouvent seulement qu'une vanité & une fausse apparence de grandeur règnent aussi-bien chez les peuples nègres, que chez les peuples civilisés.

Mais au second voyage que les trois commandans des forts français, anglais, & portugais sont obligés de faire une fois chaque année chez ce prince, pour assister à une fête qu'il donne à son peuple, afin de célébrer l'anniversaire de la mort de son père; on est spectateur de cruautés qu'on revoqueroit en doute, si l'on n'en étoit pas le témoin.

Chaque année au commencement de décembre, le roi envoie, dans les trois forts, avertir qu'il doit commencer les coutumes, ordinairement quinze jours après. Il fait prier chaque commandant d'y assister suivant l'usage de leurs prédécesseurs, de manière que quelque répugnance qu'on ait à y aller, il faut s'y résoudre, ou s'attendre à se faire un ennemi de ce prince qui, en cas de refus, (à moins que ce ne soit pour cause de maladie) ne manqueroit pas de vous faire enlever, & vous feroit envoyer à bord du premier navire qui se trouveroit en rade, ainsi qu'il est arrivé plusieurs fois. En sorte que les trois commandans partent avec chacun leur monde, pour arriver vers Noël, la veille que doit commencer cette horrible fête. Aussi-tôt rendus, le prince vous envoie faire des complimens sur votre heureuse arrivée, & vous fait passer des provisions de bouche. Le lendemain, il vous donne audience; elle se passe en remercîment d'être venu assister à l'anniversaire de la fête de feu son père. Peu après commence cette fête, pour laquelle il vous fait inviter de vous rendre chez lui.

Ici commence un ſpectacle affreux, du quel on tâche de détourner les yeux autant que l'on peut, parce qu'à chaque côté des portes, & particulièrement à la première d'entrée, on y voit un monceau de têtes d'hommes fraîchement coupées & renouvellées tous les matins, entaſſées les unes ſur les autres de la hauteur d'environ trois pieds. Après avoir franchi pluſieurs de ces affreux paſſages, on trouve le roi aſſis dans un fauteuil aſſez riche, ſous une eſpèce d'hangard, avec cinq à ſix femmes à terre à ſes côtés, & vêtues de deux pagnes de velours bleu ou cramoiſi, avec un baſſin d'or à ſes pieds, dans lequel il crache. Alors les trois commandans français, anglais, & portugais ſont invités de s'aſſeoir dans des fauteuils qui leur ſont préparés à dix pas, & en face du roi. Les français en tête à la droite, enſuite l'anglais & le portugais. Après les premiers complimens d'uſage, le miniſtre vous propoſe de vous rafraîchir, & de boire à la ſanté du roi ; enſuite ſortent d'une grande cour les troupes femelles par petits corps d'environ quatre-vingt à cent femmes, bien armées chacune d'un petit mouſqueton, d'un petit ſabre court dont le fourreau eſt ordinairement de velours cramoiſi ; elles n'ont pour tout vêtement qu'une petite pagne de ſoie autour des reins, qui leur tombe juſqu'aux genoux. Ces femmes, ainſi armées, avec deux ou trois drapeaux de ſoie, marchent à quatre de hauteur à pas lents, dans la cour où eſt l'hangard du roi, avec leurs commandans. En s'approchant du roi, elles lui font trois ſaluts de leurs drapeaux.

Après quelques évolutions de leurs pays, le petit corps de troupe féminin ſe retire, & à l'inſtant il en paroît un autre armé de la même manière, qui obſerve la même cérémonie ; & enfin, il en ſuccède trois ou quatre autres à chacun deſquels le roi fait quelques préſens au chef, lorſqu'il trouve que la troupe a bien manœuvré. Toutes les femmes qui compoſent ce petit corps de troupe n'ont guère plus de ſeize à dix-ſept ans, à l'exception de quelques-unes qui les commandent.

Cette cérémonie dure plus de trois heures. A force d'être répétée, elle devient fort ennuyeuſe pour les blancs qui ſont obligés d'y aſſiſter. Mais ce ſpectacle ſatisfait la vanité du prince, en ce qu'il croit par-là donner une grande idée de ſa puiſſance. En ſortant de cette corvée, on s'en va dîner chez ſoi avec grand plaiſir; mais toujours avec la vue ſalie en paſſant dans la place, où ont été jettées les têtes coupées de la veille, là ſont aſſemblés ſept à huit cents hommes en différens pelotons avec chacun leur chef. Ces hommes ſe réjouiſſent, ils danſent, ils chantent, & le roi leur envoye pluſieurs fois, le jour & la nuit même, des ancres d'eau-de-vie de vingt-huit à trente pintes chacune. Ce peuple ne dort guère tout le temps que dure la fête, qui est de dix-huit à vingt jours. Pendant ce temps il est facile de juger de l'énorme quantité d'eau-de-vie qui s'y boit.

A ces premières coutumes où j'assistois, il m'arriva une aventure fort inquiétante pour le moment : à minuit j'entends de si grandes décharges de coups de fusil répétés sans relâche, que je crus un instant qu'une armée ennemie étoit venue attaquer les Dahomets, & qu'ils étoient aux prises; cependant par une seconde réflexion, je pensai que ce n'étoit qu'une mousquetade vive, occasionnée par la réjouissance du peuple assemblé. Mais cette idée calmante fit bientôt place à une plus inquiétante que la première ; j'entendis frapper à ma porte, & j'entendis aussi un très-grand bruit de gens armés. Alors bien persuadé que les Dahomets étoient vaincus, & que leurs ennemis venoient peut-être nous ôter la vie, je me jettai en bas de mon lit ; éveillai mes deux domestiques, qui couchoient dans ma case, & fis allumer une bougie. Le premier objet qui se présenta à moi, en ouvrant la porte, étoit le ministre du roi avec sa canne, ce qui me rassura à l'instant. Ses premières paroles furent de me demander de la part de son maître, si je connoissois de quel malheur il étoit menacé ? Ne sachant trop ce qu'on me demandoit, il entra heureusement dans ma case deux de nos Messieurs, qui me dirent que nous avions une éclipse totale de lune, que depuis trois quarts d'heure, tous les nègres assemblés avoient cessé leur fête, pour tirer force coups de fusil sur la lune cachée. Ce récit me mit au fait de ce qu'on me demandoit, & je fis dire au roi par son ministre, qu'il pouvoit être tranquille, & qu'il n'arriveroit rien de fâcheux ; que la lune alloit reparoître incessamment. Le temps étoit en ce moment très-clair, enfin ma prédiction vérifiée, tout rentra dans le calme. J'en reçus des complimens, & la fête recommença; mon interprète me dit un instant après, que la croyance de ces peuples étoit que, lorsque la lune se cachoit en partie ou en totalité, c'étoit une preuve qu'elle étoit irritée contre le roi du pays.

Cette nation, & presque toutes celles de la côte, ont la tête remplie de mille autres superstitions pareilles.

Après cet événement, la fête reprit son cours, comme il vient d'être dit. Pendant cette fête les blancs sont obligés de se rendre tous les deux ou trois jours à de nouvelles invitations chez le roi, où l'on réitère les mêmes cérémonies que les premieres; & tous les matins, en passant sur la grande place pour s'y rendre, on voit à terre toutes les têtes d'hommes, qui ont servi la veille à décorer les portes de ce prince, & que l'on jette, comme il vient d'être dit, pour éviter la puanteur qu'elles occasionneroient. Aussi-tôt qu'elles y sont jettées, il paroît une quantité d'oiseaux de proie, que les blancs nomment puants, parce qu'effectivement ils sentent très-mauvais.

Ces oiseaux becquetent, & mangent la chair de ces têtes, de manière qu'en vingt-quatre heures il n'en reste que les ossemens ; il est défendu, sous peine de la vie, à aucun nègre d'en tuer : les blancs sont les seuls qui peuvent en tirer pour s'amuser, ou pour en faire des appâts aux loups. Ces oiseaux sont gros comme nos dindons, ils en ont la forme ; mais le plumage un peu moins noir.

Vers les derniers jours des coutumes, le roi invite les trois commandans des forts à dîner chez lui, non avec sa personne, car il mange à terre sur un tapis, & qui que ce soit, excepté les femmes, ne le voit jamais manger. Il nous fit donc dresser une table à l'européenne, maîs servie de ragoûts détestables, qu'il croit accommodés à la manière des blancs, & qui consiste ordinairement en une fricassée de cinq à six poules très-dures & très-maigres, cuites dans l'eau avec un peu d'huile de palme & de sel.... Un plat de cinq à six poules roties suivent, brulées & desséchées, & d'autres incuites; un troisième plat est composé d'un gros morceau de bœuf, un quatrième d'une moitié de cabri, avec aussi peu de soin. Enfin le seul plat dont les blancs mangent sans répugnance, est un ragoût de leur pays, que nous nommons *quiave* : il est fait avec de la farine de *maïs*, de l'huile de palme, de poule, de gibier, & différenres herbes fondues dans la sauce, relevé de pimans; & pour boisson, quelques bouteilles de vin de ses cases, provenant des présens que lui font les blancs, & qui est presque toujours aigre, par le peu de soin qu'on prend de le tenir au frais; mais on le remplace par le vin que chacun a apporté avec ſoi. Ce repas, qui tanteroit peu un gourmand, ſe paſſe néanmoins fort gaiement par les plaiſanteries que chacun fait ſur les talens du cuiſinier. L'uſage eſt d'inviter à ce dîner les fils du prince avec ſon miniſtre, les premiers n'ont pas la permiſſion de s'aſſeoir à table, ni même ſur une chaiſe des blancs; le ſeul miniſtre a cette prérogative, de ſorte que pendant le repas ces jeunes princes reſtent aſſis à terre au pied de la table. Ils reçoivent à la main, ſans couteau ni fourchette, les viandes qu'on leur donne à manger. Ces jeunes princes ne ſont abſolument rien dans le pays de leur père, & le voient rarement. On ne leur donne même aucun grade tant que le roi vît. On les éloigne ſoigneuſement de la connoiſſance des affaires du pays; & ils ſont entretenus pauvrement, afin qu'ils ne puiſſent former aucun parti en leur faveur. Mais lorſque le roi ſe croit près de la fin de ſa carrière, il en fait reconnoître un pour ſon ſucceſſeur, qui eſt nommé ſans difficulté.

Je reviens au dîner, qui ſe fait toujours ſans indigeſtion par les talens du cuiſinier, quoiqu'il y ait à manger pour quarante perſonnes.

Deux jours après ce repas, on eſt encore obligé de ſe rendre chez le roi, & pour, cette dernière fois, être ſpectateur de la marche de ſes troupes femelles ; après quoi il fait ſortir par une porte tout ce qu'il poſsède dans ſes caſes, & qui eſt porté ſur la tête d'autres femmes, comme en proceſſion, les unes après les autres. Ces richeſſes conſiſtant en corbeilles ou paniers de corail, d'étoffes d'or ou de ſoie, ou en argent, des balots de pagnes de ſoie & coton, quelques vaſes d'argent, & généralement tout ce qu'il poſsède.

J'ai vu à cette eſpèce de proceſſion juſqu'à des petits ſaints d'argent, que l'on place chez nous dans nos égliſes,

& que sans doute les portugais leur avoient vendus. Toute cette ridicule cérémonie n'est sans doute faite que pour faire voir aux blancs sa prétendue puissance.

Délivré enfin de cette corvée, on n'en a plus qu'une à essuyer pour le lendemain, mais qui est la pire de toutes, parce qu'elle termine la fète par des actes de cruauté, plus effroyables que les premiers, & qu'on auroit peine à croire véritables, si malheureusement l'on n'étoit forcé d'en être témoin. Le dernier jour, le roi fait élever dans la grande place, tout près de ses cases, une espèce d'amphitéâtre de la hauteur de douze à quatorze pieds, sur lequel il fait porter dès le matin toutes les marchandises qu'il destine à faire jetter au peuple qui a assisté à l'anniversaire de son père. Ces présens consistent ordinairement en plus de quarante à cinquante milliers de cauris, espèce de petits coquillages (c'est la monnoie du pays) en corail, ſiamoiſes, mouchoirs chollets, pagnes de coton, ſabres, raſſades, pioches, haches, &c. Le tout ainſi préparé, le roi vient ſur les trois heures après midi, par une porte de derrière, ſur ſon amphitéâtre, où les blancs ſont déja aſſemblés, ainſi que quelques grands du pays. Ce prince ſe tient dans le fond aſſis dans un fauteuil ſous un paraſol qui peut mettre à l'ombre douze perſonnes; il eſt d'une riche étoffe en or, garni de plumes d'autruches, & placé au-deſſus de ſa tête en forme de dais.

Ainſi placé, il n'eſt point vu de ſes peuples. Cinq à ſix femmes ſont à ſes côtés, les trois commandans des forts ſont aſſis preſque ſur le devant de cet amphitéâtre, le miniſtre debout, allant & venant prendre les ordres de ſon maître.

Lorſque tout eſt ainſi préparé, le roi s'avance ſur le bord du théâtre ſous ſon grand paraſol porté par des femmes; auſſi-tôt le peuple ramaſſé dans la place au nombre de neuf à dix mille hommes, appercevant le roi, pousse des cris de joie & d'applaudissement ; car c'est le seul instant où il se montre au public, qui ne le voit qu'une fois l'an : il lui est en ce moment présenté par son ministre une corbeille, où il y a un peu de chaque espèce de marchandise ; il en prend une ou deux poignées, qu'il se donne la peine de jetter négligemment au peuple, & il se retire dans son fauteuil au fond du théâtre.

Aussi-tôt le ministre vient inviter les trois commandans à suivre l'exemple du roi, c'est-à-dire, de jetter au peuple les marchandises amassées en monceau, autant & aussi long-temps que cela les amusera ; ce qui s'exécute à poignées & à brassées, jusqu'à ce qu'on en soit las. Ensuite c'est le ministre avec quelques grands du pays, qui achève de jetter tout ce qui reste de marchandises : les pioches & les haches sont les dernières jettées. A les voir, on croiroit qu'il va va en résulter la mort de beaucoup de monde ; mais le peuple qui voit venir en l'air les pioches & les hâches dont il s'agit, a l'adresse de former un vuide à l'instant où elles sont prêtes à tomber, & il les attrape d'une main, sans qu'elles tombent par terre.

Toutes les marchandises ainsi jettées de l'amphitéâtre, il monte par derrière les portes dix à douze hommes, qui portent chacun sur leur tête un autre homme ployé en trois dans un petit panier à claire voie, d'environ trois pieds de long, & vingt pouces de large ; c'est-à-dire, les jambes ployées sous les cuisses ; & le ventre courbé par-dessus, avec un baillon dans la bouche. En cet état, ces malheureux sont présentés au peuple, qui fait des cris de joie à cette vue, autant que nous en ferions pour un homme sauvé d'un danger éminent. Après quelques balancemens que l'on fait de ces victimes, elles sont jettées de l'amphitéâtre en bas, où il y a toujours bon nombre de satellites armés de ſabres très-courts, mais larges de trois pouces & demi à quatre pouces, avec leſquels ils coupent le panier, & l'homme qui eſt dedans presqu'avant qu'il ſoit tombé à terre les bourreaux ſe barbouillent le viſag du ſang de ces victimes qui ſont deſti nées, diſent-ils, à aller ſervir dan l'autre monde le défunt pere du roi.

Ce jour de maſſacre & de boucheri eſt le dernier dont les blancs ont à ſup porter la vue. Le lendemain ils von demander au roi la permiſſion de s'e retourner chacun dans leurs forts. O la leur accorde ſans difficulté avc chacun un préſent d'une jeune négreſſe de deux grandes pagnes de ſoie & coton quelques bœufs ou cabris, & des cau pour payer leur dépenſe le long du ch min. Cette corvée eſt la plus cruelle q les commandans des forts aient à eſſuye après laquelle chacun d'eux s'en retour dans ſon établiſſement.

Mœurs & religion des Dahomets.

CES peuples n'ont d'autre religion, qu'une sorte d'idolatrie d'une absurdité incroyable, mais qui tient en tout de la barbarie du souverain. Leur principal Dieu (car ils croient en plusieurs) est un animal du pays nommé Daboué, presque de la forme d'un gros lézard, mais dix fois plus gros, de la longueur d'environ deux pieds, il rampe à terre avec des espèces de pattes. Cet animal est fort doux, & peu fuyard; il est le Dieu qu'ils adorent & qu'ils révèrent le plus. Ils lui bâtissent une case en terre telle que celles qu'ils habitent eux-mêmes. Ils en ont une à trois portées de fusil des forts, où l'on porte à boire & à manger à cet animal. C'est toujours une confrairie de femmes qui est chargée de ce soin; nulle autre

N 2

que celles qui font initiées dans cette confrairie, ne peut y toucher, non plus que les hommes, sans encourir la peine de mort, s'ils sont dénoncés au capitaine fétiche, qui est le grand prêtre, & qui fait exécuter les cérémonies de la religion à laquelle ils croient moins que les autres. Ce fripon, comme bien d'autres, profite de l'ignorance des peuples, pour tirer beaucoup de profit de sa place. Tous les ans il fait faire aux femmes & aux filles initiées dans la fétiche, une espèce de procession; il leur fait donner ordre de se parer de leurs plus beaux ajustemens pour le lendemain, & de se rendre à la fontaine peu éloignée de la case du *Daboué*, avec chacune un petit pot en forme de vase, pouvant contenir trois à quatre pintes d'eau, une petite bande de toile autour du front, comme les européennes destinées à la confirmation.

Là le capitaine fétiche, après leur

avoir fait remplir leurs pots d'eau, & fait plusieurs simagrées, range toutes ses ouailles sur deux lignes bien égales, distantes de quatre à cinq pieds, leur pot sur la tête, & il les fait marcher dans le plus grand silence à la vue du peuple assemblé. Ils vont droit à la case du dieu *Daboué*, où arrivés il fait faire des espèces de libations d'eau, d'huile de palme, & de farine de maïs, & laisse à boire & à manger à l'animal. Ensuite on part de là, dans le même ordre de cérémonie, à pas lents; cette marche qui dure plus d'une heure, les conduit sous quelques gros arbres qui sont eux-mêmes arbres de fétiches; ils sont révérés du peuple, & personne n'oseroit les couper, sans craindre les plus grands malheurs pour le pays.

Arrivées sous ces arbres, les femmes de fétiches font chacune un présent au grand prêtre qui vient de les conduire, pour le remercier de sa protection auprès du dieu *Daboué*. Après quoi l'on ſe fait apporter à manger & à boire, & l'on danſe, & l'on chante le reſte du jour & de la nuit ſuivante. Il eſt recommandé aux blancs, lorſqu'ils rencontrent le *Daboué* dans le fort ou ailleurs, de ne lui faire aucun mal, ni même de le toucher ; mais de faire appeller une femme de fétiche, & de le lui remettre entre les mains. Cependant cela n'empêche pas que pluſieurs de nos français y ont touché, & les ont remis entre les mains des femmes, ſans qu'ils en aient été réprimandés ; mais il eſt très certain qu'il ne faudroit pas s'aviſer d'en tuer un, ſi on ne vouloit ſe faire lapider. Le capitaine fétiche eſt réputé ne rien ignorer; ce qu'il doit ſavoir le mieux, c'eſt qu'il eſt un maître fripon. Il eſt ſouvent conſulté ſur ce qu'il y a à faire dans des circonſtances critiques ; ſoit pour appaiſer la colère de leur dieu, ſoit enfin pour ſe procurer ce qu'ils desirent ; & ce fourbe, plus adroit que ce peuple imbécille, ne manque jamais d'employer des cérémonies mystérieuses, pour se donner plus de crédit.

Par exemple, pour se rendre le dieu de la mer favorable, & pour qu'il fasse venir beaucoup de navires dans la rade de Juda, & qu'il attire beaucoup de commerce chez eux, ils sont dans l'usage de sacrifier à ce dieu de la mer deux hommes par an, qu'ils envoyent jetter sur la barre de grand matin. Ces malheureuses victimes ne tardent pas à servir de déjeûné aux requins & aux requiems : ces derniers sont ceux qui ont dix-sept à dix-huit pieds de long, avec quinze à seize rangs de dents & qui peuvent avaler un homme tout entier sans le couper ; ce que les autres requins ne peuvent faire qu'à plusieurs reprises.

Enfin les dahomets ont quelques autres actes de religion aussi barbares, &

dont le motif n'eſt pas toujours connu des blancs : en voici un exemple.

Un jour ſortant de grand matin, je trouvai, à une portée de fuſil du bord du chemin, une jeune & belle négreſſe de quinze à ſeize ans, à genoux, attachée par le corps à un fort piquet. Elle venoit d'être étranglée ; je retournai auſſi-tôt au fort ; j'interrogeai mon maître de langue qui étoit judaïque de nation, ſur ce qui pouvoit avoir donné lieu à cette horrible action, & qui pouvoit avoir donné l'ordre de l'exécuter ; mais j'eus beau répéter mes queſtions, je n'en pus rien apprendre. Mon maître de langue me dit qu'il n'en ſavoit rien lui-même ; mais d'un air d'embarras qui m'annonçoit aſſez qu'il y avoit trop de riſque pour lui à me dire la vérité. Effectivement la moindre indiſcrétion ſur ce qu'il eſt défendu de dire, même de s'entretenir entr'eux des affaires du pays, coûteroit la tête à celui qui en ſeroit convaincu. Les blancs, ſans courir les mêmes risques, sont obligés néanmoins à beaucoup de circonspection sur les affaires du pays.

A un quart de lieue des forts, les *dahomets* ont encore un dieu Priape, grossièrement fait en terre avec son principal attribut, qui est énorme & exagéré à proportion du reste du corps. Les femmes principalement lui vont faire des sacrifices, chacune selon sa dévotion & la demande qu'elle a à lui faire.

Cette mauvaise statue de grandeur d'homme est sous un comble de case, qui la met à couvert de la pluie.

Indépendamment du culte des *dahomets*, qui vient d'être décrit, chaque nègre a chez lui sa fétiche particulière, qu'il consulte avec des petits chandeliers de fer à plusieurs branches, des petites boules rondes mises en plusieurs tas, qu'il recompte plusieurs fois. Sa manière d'agir ressemble assez à celle de nos superstitieuses tireuses de cartes.

Comment ces peuples élevés dans la plus profonde ignorance ne ſeroient-ils pas ſuperſtitieux ? les portugais le ſont à l'excès dans le pays. Puiſque des prêtres de cette nation ſe diſpoſant à aller dire la meſſe, ont ſoin, avant leurs actions de galanterie, de couvrir d'un mouchoir ou d'un morceau d'étoffe les images qui peuvent ſe trouver dans la chambre, afin qu'elles ne voient point le délit. Cette action, diſent-ils, n'eſt qu'une pécadille, & à la mer, on les voit, lorſqu'un navire eſt ſurpris de mauvais temps, adreſſer des prières à un petit ſaint Antoine de bois, qu'ils embarquent toujours avec eux, pour qu'il leur accorde du beau temps.

Après cette prière réitérée, ſi le beau temps ne vient point, ils mettent une corde au col de ſaint Antoine, & le jettent à la traîne du navire. Enfin, après le mauvais temps ſuccède le beau; alors ils retirent le petit ſaint, le lavent bien, lui mettent ſes plus beaux habits, lui adressent de nouvelles prières, & lui demandent de leur pardonner, s'ils en ont usé ainsi, mais ils lui disent que c'est sa faute de ne leur avoir pas accordé du beau temps. Ensuite ils vont très-dévotement le remettre dans sa niche.

Commerce du pays des Dahomets.

LEUR principal & presque leur seul commerce est celui des esclaves, qu'ils vendent aux capitaines des navires qui traitent à terre & quelque peu dans les forts, pour se procurer toutes les marchandises dont ils ont besoin, ou dont ils n'ont pas besoin ; car le pays produit tout ce qui est essentiellement nécessaire à la vie. Les marchandises d'Europe consistent principalement en cauris, qui est la monnoie du pays : c'est une petite coquille que nous tirons des isles maldives. Les bords de la mer en sont couverts. Cette monnoie a cours non-seulement chez les dahomets, mais dans toutes les terres des environs ; tout se vend dans les marchés en cauris, c'est la marchandise avec laquelle on traite de préférence les plus beaux captifs. Chaque navire en apporte trente ou ſoixante, & juſqu'à quatre-vingt milliers peſant Ils ſe vendent tous au compte, & non au poids ; par cette raiſon les plus petites ſont les plus profitables pour les négocians. Cependant on ne traite pas une cargaiſon entière avec cette ſeule marchandiſe. Il faut y joindre un aſſortiment qui conſiſte en quinze à dix-huit cents barils d'eau-de-vie de vingt-huit à trente pintes chacun, du fer plat en barre, de la poudre à canon, des fuſils, des pierres à fuſils, de la ſiamoiſe, des toiles bleues, des mouchoirs, pièces de ganipeaux, des bajutapeaux, & preſque toutes nos étoffes de Rouen.

Les ſeuls navires portugais font toutes leurs traites en tabac de Breſil, en rouleaux de ſoixante-quinze livres peſant, que l'on nomme *rolle*, & dont il ne donne que ſix à ſept rouleaux pour un captif de choix, & quatre à cinq pour une jeune négreſſe de quinze à ſeize ans. Ce qui leur fait un commerce très-fructueux, dont il sera parlé ci-après.

Chaque navire, pour avoir la permission de faire sa traite à Juda, paie au roi une coutume en marchandise de la valeur de huit à dix captifs, suivant la grandeur du navire. Ensuite il ouvre sa traite, & si-tôt qu'il a huit à dix captifs hommes, femmes ou enfans, il les envoie à son bord; lorsque sa traite est un peu abondante, & c'est l'affaire de trois mois, pour l'expédier, & quelquefois moins ; mais lorsqu'elle ne l'est pas, ou qu'il se trouve trop de concurrens à traiter ensemble, ils restent quelquefois sept à huit mois pour finir leur traite Ce qui cause ordinairement une mortalité affreuse parmi ces cargaisons, dans la traversée qui est de quatre à cinq mois pour se rendre à nos isles de l'Amérique; ce retard forme souvent en totalité plus d'une année, pendant lequel ces malheureux restent à bord les fers aux pieds, & la nuit dans un entre-pont, qui n'a que trois pieds & demi, ou quatre pieds de hauteur, pressés horriblement, d'ailleurs mal nourris, & toujours dans la crainte d'être mangés par les blancs. La principale maladie dont ils meurent presque tous, est le *scorbut*, qui est occasionné tant par le long séjour à la mer, que par la mauvaise nourriture, qui ne consiste qu'en grosses fèves de marais séches, avec un peu d'huile de palme qui augmente encore cette maladie, d'autant que sa substance grossière & farineuse épaissit le sang. Que l'on imagine la dépopulation dont les européens sont cause dans cette partie du monde, par l'infâme commerce qu'ils y font, & sur lequel j'aurois desiré pouvoir tirer le rideau, & me le cacher à moi-même; mais puisque j'ai entrepris de dire la vérité sur tout ce qui se passe à cette côte, je ne crois pas devoir cacher au lecteur d'autres actes de cruauté non moins inouis, dont j'ai déja tracé quelques parties qui révoltent la nature,

& dont le malheureux trafic qu'on fait dans ces contrées, est la seule cause; je l'ai malheureusement fait moi-même. Grand dieu! il n'y a que votre bonté infinie qui puisse me le pardonner, j'étois alors entraîné par le mauvais exemple; je regardois cela comme permis, sans faire attention que des maximes d'état sont souvent contraires aux saintes loix que vous avez gravées en naissant au fond de nos cœurs, de ne jamais faire à nos semblables pire traitement que celui que nous voudrions qu'on nous fît, & bien mieux de faire aux autres le bien que nous voudrions qui nous fût fait.

Pour dévoiler davantage au lecteur tous les forfaits dont les européens sont cause à la côte d'Afrique, je vais en rapporter plusieurs qui font horreur, & que tous ceux qui ont séjourné au fort saint-Louis de Gregoy à Juda attesteront conformes à la plus exacte vérité.

Le roi des dahomets a quatre à cinq marchands

marchands à *Gregoy*, qui ne vendent que pour lui le produit des pillages qu'il fait faire chez ses voisins, & quelquefois chez ses propres sujets, ou enfin des prisonniers qu'il a faits à la guerre. Les autres marchands vendent les captifs qui leur sont amenés de plusieurs parties de l'Afrique par commission, ou pour leur propre compte. Ces captifs ont souvent déja été vendus sept à huit fois de marché en marché, avant que d'arriver à Gregoy. Quand ces captifs arrivent, les marchands font appeller les blancs pour les leur vendre; mais comme ils savent très-bien que les capitaines des navires n'aiment point à se charger de femmes qui ont des enfans encore à la mamelle, par l'inconvénient des cris & de la saleté de ces enfans, ils les font périr.

Elles ont si peu de place dans le navire, qu'il n'est pas possible que les autres femmes ne se trouvent salies des excrémens de ces petites créatures. Cela produit des querelles sans fin entre les femmes esclaves, & c'est par cette raison que les capitaines ne veulent point de ces captives femelles, que les enfans n'aient atteint au moins l'âge de trois ou quatre ans. Ce qui fait que les marchands n'hésitent point de se livrer à des actes de cruauté inconnus aux nations les plus sauvages de l'Amérique, ce que tous les capitaines ignorent, & que je n'ai découvert moi-même qu'à mon dernier voyage dans le pays, & même ce ne fut que par hasard.

J'allois un jour chez un marchand, où je fus appellé; on me présenta plusieurs captifs, entr'autres une femme de vingt à vingt-deux ans, fort triste, abimée dans la douleur, le sein un peu pendant, mais plein, ce qui me fit soupçonner qu'elle avoit perdu son enfant. Je le fis demander au marchand, il me répondit qu'elle n'en avoit point. Comme il étoit défendu à cette malheureuse femme de parler sous peine de la vie, pour mieux m'assurer de son état, je m'avisai de lui presser le bout du sein, duquel il sortit du lait, assez pour m'apprendre que la femme nourrissoit.

J'insistai à dire qu'elle avoit un enfant, & le marchand le nioit toujours; impatienté cependant de mes instances, il me fit dire qu'au reste cela ne devoit point m'empêcher d'acheter la femme, parce que le soir son enfant seroit jetté aux loups. Je restai interdit, j'étois prêt à me retirer, pour me livrer à mes réflexions sur cette action horrible; mais la première idée qui me vint à l'esprit, fut que je pouvois sauver la vie à cet enfant. En conséquence, je dis au marchand que j'acheterois la mère, aux conditions qu'il me livreroit l'enfant. Il me le fit aussi-tôt apporter, & je le remis à l'instant à sa mère, qui ne sachant comment me marquer sa reconnoissance, prenoit de la terre avec sa main, & se la jettoit sur le front.

Quoiqu'en cette occasion je n'aie fait que ce que toute ame honnête auroit fait à ma place, je me retirai avec un fentiment délicieux, & cependant mêlé d'horreur ; mais j'étois fi fatisfait, que je n'ai jamais éprouvé de femblable fatisfaction.

Arrivé au fort, j'interrogeai mon interprète, pour favoir fi ce que je venois d'entendre étoit bien véritable. Non-feulement il me l'affura, mais encore il m'apprit que de tout temps, l'ufage des dahomets avoit été de jetter de nuit aux loups les enfans à la mamelle. Parce que les capitaines les refufent, & qu'ils ne pourroient trouver à fe défaire des mères qui leur refteroient en pure perte. Quelque temps après j'éprouvai chez un autre marchand la même aventure, j'achetai encore la mère & fon enfant, que je fus obligé de garder, & de nourrir au fort tout le temps qne j'y fuis refté. Cependant, comme ce crime étoit réitéré prefque tous les jours, je fus obligé de m'abftenir d'aller chez les marchands, parce que ma fortune n'auroit pu fuffire à ces bonnes actions.

D'après ce qui vient d'être dit, est-il possible de douter que ce ne soit pas à cet horrible commerce qu'on doit attribuer les actes de cruauté que j'ai détaillés, & auxquels j'ajouterai ce qu'on va lire, & qui est dans la plus exacte vérité.

S'il se vend dans toute la côte d'Afrique quarante à quarante-cinq mille esclaves par an, qui proviennent partie des prisonniers faits à la guerre, partie de pillages, il faut calculer que les chefs de toutes ces nations, pour se procurer les quarante-cinq mille captifs dont il s'agit, en font tuer un nombre infini, les plus agés sont toujours égorgés, & les autres malheureux ne se rendent qu'après s'être bien défendus; ainsi, c'est donc encore les européens à qui il faut attribuer cette destruction d'hommes, de femmes, d'enfans, & de vieillards. Ajoutez à cela la prodigieuse quantité de négres, qui meurent dans les navires par la longueur des traversées d'Afrique en Amérique, par leur mauvaise nourriture, & le chagrin qui achève de les tuer.

Un dernier motif de destruction de la moitié de ces malheureux captifs, c'est qu'après avoir été sept à huit mois en mer, quelquefois dix mois les fers aux pieds, en arrivant dans nos isles, ils sont vendus, & envoyés aussi-tôt à un travail forcé.

On ne force point l'expression, en disant qu'il n'arrive point de captif en Amérique, qui n'ait coûté beaucoup d'autres individus à la nature humaine. Et ce sont des hommes, des français qui se disent chrétiens, à qui l'intérêt fait commettre de pareils forfaits! Les plus coupables seroient les souverains, si connoissant ces horribles détails, ils n'interdisoient pas à leurs sujets le droit d'être des scélérats. Triste inconséquence de nos loix; elles condamnent à la mort une infortunée, dont l'ame est honnête, puisqu'elle est sensible à la honte, & qui, forcée de commettre un crime, en eſt la première ſuppliciée par l'horreur de le commettre ; & ces mêmes loix autoriſeroient un commerce, qui ne peut ſe faire ſans multiplier à l'infini des forfaits plus grands encore, car le motif en eſt vil. En effet, de quel droit nous arrogeons-nous celui d'aller arracher nos ſemblables à leur patrie ? d'y cauſer des maſſacres & des guerres perpétuelles ? de ſéparer les meres de leurs enfans, les maris de leurs femmes ? d'être cauſe, par notre avidité à acheter ces malheureux, que les vieillards qui ne ſont plus d'âge à être vendus ſoient égorgés & maſſacrés dans les pillages aux yeux de leurs enfans ? que les enfans nouvellement nés ſoient la nuit, jettés aux loups, afin que la mere ne ſoit pas refuſée des capitaines de navires en traites ? Ceci ſe paſſe à Juda.

N'eſt-ce pas encore la barbarie de ce commerce infâme qui eſt cauſe de la mortalité prodigieuſe de ces malheureux à bord des navires, par le long séjour qu'ils y font les fers aux pieds, & par la misérable nourriture de féves de marais séchées qu'on leur donne; enfin, par le travail le plus dur que la majeure partie de nos habitans d'Amérique exigent d'eux en arrivant, sans les laisser reposer d'une si longue traversée? Si l'on récapituloit la destruction dont ce commerce abominable est cause, & qu'on pût faire parvenir la vérité au pied du trône, qui pourroit douter un instant que la bonté du cœur de notre souverain n'ordonnât pas aussi-tôt la destruction de cet odieux commerce?

Si l'on m'objecte que l'église le permet, que par cette raison il ne peut être criminel, & qu'elle l'a fait dans la vue de tirer ces peuples de l'idolâtrie, & d'en faire des chrétiens, je répondrai que c'est qu'alors l'église n'a pas connu l'impossibilité de réaliser ses vues: car si on fait réellement quelques chrétiens de ces captifs en Amérique, qui viennent d'Afrique, c'eſt plutôt profaner la religion que la faire reſpecter, parce que ces négres n'apprennent jamais aſſez de notre langue pour concevoir quelque choſe de ce qu'on veut leur enſeigner. Ils n'en comprennent pas plus que ſi on leur parloit mathématiques ou aſtronomie. De maniere, qu'à quelques ſimagrées près, ils vivent & meurent dans la plus profonde ignorance des devoirs de l'homme & de l'adoration pure de l'Etre ſuprême. Il eſt bien, ſans doute, de baptiſer les enfans négres qui naiſſent en Amérique, parce qu'il eſt poſſible de les faire inſtruire dans notre religion (quoique nos habitans ne s'en donnent guères la peine); mais pour tous ceux qui arrivent d'Afrique, hommes faits, c'eſt une chimère de prétendre les rendre meilleurs qu'ils n'étoient dans leur pays.

Celui donc qui peut approcher du trône, & qui ſeroit aſſez ami de l'humanité, pour préſenter au ſouverain ces triſtes vérités, feroit la plus belle action de sa vie ; quelque vertueux qu'il fût, il se couvriroit d'une gloire immortelle.

Le gouvernement, sans doute, s'il a sous les yeux tous ces exemples, ou s'il en étoit bien persuadé, défendra ce commerce, d'autant plus, qu'il paroît facile de prouver que nos colonies de l'Amérique, en moins de quinze ans, pourroient se passer de la traite des noirs, par de sages réglemens à faire dans nos isles, je vais en parler ci-après.

On dit qu'il vient d'être présenté un mémoire, à la chambre des communes en Angleterre, pour demander la suppression du commerce des négres. Si cette demande est accordée, de quelle gloire ne se couvriroit pas ces protecteurs du genre humain ? Et ceux qui l'auroient accordée auront l'honneur d'en donner l'exemple aux autres nations de l'Europe.

L'on est surpris que depuis un siècle

qu'on introduit, année commune, trente ou trente-cinq mille noirs dans nos colonies de Saint-Domingue, la Martinique, la Guadeloupe, Sainte-Lucie, &c. & le calcul eſt effrayant, on ſoit encore dans la néceſſité d'envoyer en Guinée pour en chercher, & que nos colons en manquent continuellement. A la première inſpection cela paroît ſurprenant; mais lorſque l'on fera attention à ce qui ſe paſſe dans ce pays, la ſurpriſe ceſſera.

Lorſqu'un navire négrier arrive dans une de nos iſles de l'Amérique, il fait auſſi-tôt la vente des hommes, femmes & enfans, ainſi que des malades. Chaque habitant vient en acheter ſuivant ſes beſoins, ou ſuivant ſes facultés; chacun conduit chez lui ſon acquiſition. Les malheureux négres ne ſont pas plutôt arrivés à l'habitation, qu'on les envoie dès le lendemain au travail, comme s'ils étoient naturels du pays, ou comme s'ils venoient de faire une promenade. Mais, fatigués de la mer, presque toujours exténués, & peu accoutumés aux vivres du pays, il en tombe une partie malade, & ils meurent souvent la première année.

Lorsque l'on fait des représentations à un habitant, sur sa précipitation à envoyer ces nouveaux débarqués au travail, il répond froidement & inhumainement, que ses terres sont ses revenus, qu'elles souffrent de n'avoir pas assez de travailleurs pour les cultiver; qu'au reste, pourvu que son négre nouvellement acquis lui dure un an, qu'il lui gagnera sa tête, c'est-à-dire ce qu'il lui a coûté.

Voilà donc une premiere cause du peu de population dans nos isles; la seconde est encore plus sensible.

La majeure partie des colons n'aiment point à voir leurs négresses devenir enceintes, parce que dans les derniers mois de leur grossesse, & après leurs couches, elles font moins de travail ; par cette raiſon, ils ne cherchent point à les marier avec les nègres de leurs habitations : & par ce mauvais uſage les négreſſes courent avec les négres des habitations voiſines les dimanches, & par la multiplicité d'hommes qu'elles voyent, ne font point ou que peu d'enfans.

Ce manque d'ordre eſt une deuxième cauſe du peu de population dans nos iſles. Il ne faudroit pour y remédier que ſuivre l'exemple de quelques riches & reſpectables habitans, ſages & humains par inclination ; mais ils y ſont malheureuſement en très-petit nombre. Voici donc comme ils ſe conduiſent, & il faudroit contraindre les autres à ſuivre un exemple, qui certainement établiroit la population dans moins de quinze à vingt ans.

L'habitant riche & humain a attention, lorſqu'il achete les négres dont il a beſoin, de commencer par les vêtir de chemises, vestes & culottes. Il les fait ensuite saigner & purger suivant le besoin; & loin de les envoyer au travail aussi-tôt leur débarquement, il commande à ses conducteurs de travaux de n'exiger d'eux aucune sorte de travail, de les laisser promener pendant cinq à six semaines, afin qu'ils puissent se reposer & s'aclimater. Alors il est rare que ces captifs, bien traités & qui vont voir journellement travailler leurs camarades, ne demandent pas d'eux-mêmes à s'occuper; alors on le leur permet par forme d'amusement, mais sans exiger d'eux aucune tâche.

C'est par un traitement si doux & si raisonnable que ces négres s'aclimatent, & qu'après trois ou quatre mois de séjour dans nos isles, ils y sont comme naturels du pays; après quoi ils travaillent comme les autres, sans être surchargés. Par ce moyen cette habitation ne perd pas deux négres, lorsque ses voisins plus avides en perdent neuf à dix. Un troisième moyen dont le colon respectable se sert, c'est de ne jamais acheter des négresses qu'il ne les marie aussi-tôt avec ses négres. De ces mariages, il naît des enfans créoles forts & vigoureux, qui s'attachent à l'habitation & à leurs maîtres. De-là il est facile de juger que par une telle conduite cet habitant n'a pas besoin, ou très-rarement d'acheter des négres d'après sa manière de se conduire en bon pere de famille, & c'est d'après cet exemple qu'on pourroit former des loix pour le reste des colons qui se conduisent d'une manière si opposée & si contraire à l'humanité.

Voilà, je crois, assez de raisons pour prouver combien le commerce des négres est horrible.

Je reviens au pays des *dahomets*; le prince qui les gouverne est parvenu par son affreux despotisme, par ses pillages sur ses propres sujets, à dépeupler si fort son pays, que ses voisins, les *judaïques*, en 1763, malgré leur peu de bravoure, se sont si bien apperçus de la foiblesse de leurs ennemis, qu'ils se sont liés avec un corps de Minois, & ont osé tenter de venir reprendre leur ancien pays, d'en chasser les dahomets, & ils auroient indubitablement réussi, s'ils se fussent mieux comportés, & eussent montré plus de courage.

Ils vinrent, le 12 juillet, en un corps d'armée, joints aux minois, au nombre de huit à neuf mille hommes; on les apperçut à huit heures du matin, doublant la pointe d'un bois. Aussi-tôt *Yavogan*, le gouverneur des dahomets, fit battre le tambour de guerre, rassembla à la hâte son monde, qui montoit au plus à huit ou neuf cens hommes. Il me fit demander trois barils de poudre, & me fit prier d'être spectateur dessus ma galerie de la manière dont les dahomets s'alloient battre. Il ne croyoit pas alors avoir affaire à si forte partie; néanmoins il marcha avec son monde au-devant au-devant de l'ennemi, qui s'étoit avancé à une portée & demie de canon du fort français.

A mesure qu'ils arrivoient, ils se rangeoient en corps de bataille, avec les drapeaux ou pavillons déployés à la tête de chaque corps, & chaque chef sous un grand parasol. Ainsi rangé, notre Yavogan alla se poster vis-à-vis l'ennemi, avec ses huit à neuf cens hommes, à qui il défendit de tirer les premiers, défense sans doute mal vue & mal raisonnée, qui lui coûta cher, puisqu'il essuya le premier feu de huit à neuf mille hommes, qui tous avoient leurs fusils chargés de deux balles de fer & de trois chevrotines; ils lui tuerent dans les deux premières décharges la moitié de son monde, & quoiqu'à la première il fît un feu fort vif, il ne put tenir plus d'un quart-d'heure, parce que l'ennemi voyant sa petite troupe réduite à un peloton de trois ou quatre cens hommes, dont la moitié étoit blessée, chercha à les envelopper, en faisant marcher ensemble l'aîle droite & l'aîle gauche, en forme de croissant, pour parvenir à enfermer les débris de cette petite troupe; mais Yavogan, quoique percé de deux balles dans la chair des cuisses, s'étant apperçu de leur intention, & quoiqu'il ne fût pas dans l'usage de jamais fuir, cependant, en cette occasion, il fut obligé de se reployer avec tout son monde sur notre fort. Je fis alors ouvrir le guichet de la porte, pour laisser entrer les blessés & Yavogan; il monta à mon logement, les blessés resterent dans la cour du fort, & je fis rester en dehors, mais en dedans du fossé, le long de la courtine, tous ceux qui étoient en état de faire le coup de fusil, si le combat recommençoit.

Après quoi l'armée ennemie resta un quart-d'heure, assise à terre, sans agir, & chaque chef sous son grand parasol avec son monde, à délibérer sur ce qui leur restoit de mieux à faire. Et c'est pendant cette délibération qu'un petit capitaine de guerre des dahomets, arrivant des bords de la mer avec trente hommes, fit une action de bravoure bien extraordinaire; il s'avança avec ses trente hommes dans le gros de l'armée, occupée à terre à délibérer sur leur opération; il reconnut dans un cercle le général, fils du roi *Champeaux*, à plusieurs morceaux d'or travaillé que ce général avoit attachés à ses cheveux; aussi-tôt il fondit brusquement & avec furie sur lui, & lui coupa la tête, pendant que ses trente hommes, qui n'avoient pas d'abord été reconnus, se faisoient hacher par ceux qui entouroient leur général. De ces trente hommes il ne se sauva que le seul coupeur de tête du général. Il trouva le moyen de regagner les siens, sous le canon de notre fort, mais avec huit à dix coups de sabre sur la tête & sur le corps, dont un lui découvroit tout l'os du bras droit; il avoit reçu deux coups de fusil, dont un dans le sein, qui avoit coulé le long des chairs, & un autre qui lui avoit jetté un œil hors de la tête, de manière qu'il est difficile de concevoir comment ce petit capitaine de guerre n'avoit pas été forcé de quitter la tête qu'il venoit de couper; néanmoins il ne mourut que quatre heures après sa victoire.

Ensuite la résolution de l'armée ennemie fut d'aller mettre le feu au camp ou village des dahomets, où ils ne trouverent ni femmes ni enfans; ils s'étoient tous réfugiés, partie dans notre fort & partie dans le fort portugais. L'armée revint faire feu sur notre fort & sur le restant des dahomets, placé sous la courtine du fort. Alors je fus obligé de tirer sur eux le canon de nos bastions; mais comme malheureusement je n'avois point de balles, & presque point de boulets, je fus obligé de faire ressource d'une barrique de grands clous qui me restoient dans les magasins pour en faire de la mitraille. Les premiers coups ne les incommodèrent pas beaucoup, parce qu'ils étoient trop éloignés pour être atteint de cette qualité de mitraille qui ne porte pas fort loin; mais s'étant approchés plus près, pour reconnoître s'ils ne pourroient pas s'emparer du fort, il furent plus maltraités. Un peloton s'étoit approché près d'un mauvais petit bastion, qui n'étoit bâti qu'en terre, & qui menaçoit ruine; ils s'en seroient emparés, si on n'y avoit tiré de gros canons; ce fut la face de ce bastion qui leur fit le plus de mal, puisque le dernier coup qui fut tiré leur tua huit à neuf hommes, dont les clous avoient dispersés les membres ce combat, dura près de quatre heures. Il n'y avoit à craindre que le feu dans le fort, parce que toutes les couvertures des bâtimens sont recouvertes en paille; & rien n'étoit plus facile, si nous eussions eu affaire à un ennemi plus expérimenté & mieux instruit, ou qui n'eût pas perdu la tête.

Cela leur étoit d'autant plus aisé qu'ils avoient dans leur armée un petit corps de troupes auxiliaires de deux cens hommes, qui n'avoient d'autres armes que leurs carquois & des flèches ; il n'étoit donc question que de mettre dans un papier ou dans un linge une petite poignée de poudre avec un bout de mèche allumée, attachée à une flèche, & de l'envoyer dans nos couvertures, qui dans un instant auroient embrasé tout notre fort. Ils nous auroient obligés d'en sortir, avec cent cinquante ou deux cens hommes, pour chercher à gagner le fort anglais, qui n'en est éloigné que d'une portée de carabine. Si ce malheur me fût arrivé, notre dernière ressource étoit de former un petit bataillon quarré, la bayonnette au bout du fusil, pour gagner le fort anglais, qui d'ailleurs auroit favorisé notre retraite par son canon. Enfin, un quart-heure avant que le combat finit, Yavogan, blessé & retiré dans notre fort, voyoit tout ce qui se passoit au dehors, car il étoit dans mon logement, & même à portée de parler à ses gens, placés sous la courtine ; il me fit prier de faire ouvrir le petit guichet de la porte du fort, parce que ses soldats non-blessés, avec un chef, vouloient faire une sortie sur l'ennemi. Comme j'ignorois ce qui se passoit de ce côté, je lui fis représenter qu'avec si peu de monde qui lui restoit, il alloit tous les sacrifier ; mais il insista si fort & si long-temps que je fus obligé de me rendre à sa demande.

Je le fis, avec la précaution qu'exigeoit la circonstance ; j'avois, avant l'attaque, fait placer sous le passage de la porte du fort, en dedans, deux petits canons chargés à mitraille, afin que si on tentoit de forcer le petit guichet je pusse faire tirer dessus. Alors, la grosse clef à la main, je me rendis moi-même avec deux hommes forts à mes côtés, pour refermer le guichet si l'on tentoit à le forcer. Il le fut cependant, aussi-tôt qu'il fut entr'ouvert, non par l'ennemi, mais par les dahomets du dehors, qui venoient de couper ſur le champ de bataille les têtes des hommes que notre canon venoit de tuer, & qu'ils deſiroient mettre en ſûreté, pour les aller porter le lendemain au roi, qui ordinairement les paye.

Enfin, le premier objet qui ſe préſenta devant moi, fut le brave petit capitaine qui s'étoit fait hacher avec ſes trente hommes; il portoit une tête dans chaque main; il entra avec tant de précipitation, qu'il me les porta au viſage. L'état où cet homme étoit en ce moment étoit encore plus affreux que les deux têtes qu'il tenoit par la chevelure. Il avoit un œil hors de la tête qui n'étoit pas entièrement tombé; une balle lui traverſoit les chairs de l'eſtomac, quatre ou cinq coups de ſabre ſur le corps, dont un lui découvroit l'os du bras droit, le viſage & le corps couverts de ſang, écumant de rage, ne ſe connoiſſant plus lui-même, ni ſon état. Il fut ſuivi de vingt ou trente autres négres, chargés, comme lui, d'une ou deux têtes à la main, qu'ils vinrent dépoſer à ma porte pour me faire honneur.

L'inſtant d'après, il fut véritablement queſtion d'une ſortie ſur l'ennemi, qui alors s'enfuyoit, & voici pourquoi.

Le roi des dahomets, ayant appris la veille de cette affaire, par des coûreurs, que nous devions être attaqués le lendemain, fit partir auſſi-tôt une petite armée de quatre mille hommes, commandée par ſon grand général *Agaou*, avec ordre de marcher toute la nuit ſans s'arrêter pour venir au ſecours de ſon *Yavogan* & du nôtre. A une heure & demie après-midi, cette petite armée n'étoit plus qu'à deux lieues des forts; & quand les ennemis en eurent connoiſſance, le déſordre ſe mit parmi eux; le ſeul nom d'*Agaou* les fit tellement trembler, que chacun prit la fuite pour gagner ſon pays; & pour être plus leſte à la courſe, pluſieurs jetterent leurs fusils en chemin ; ceux qui savoient nager gagnerent la rivière, & les autres les bois par où ils étoient venus, ce qui fit faire la sortie, pour suivre les fuyards, qu'ils n'atteignirent pas ; mais le général Agaou ayant appris la fuite de l'ennemi par les coureurs, au lieu de venir au fort, sçut leur couper le chemin dans le bois par où ils s'enfuyoient, & comme ils avoient ordre de ne point faire de prisonniers, mais de tuer, il réussit aussi à couper quatre ou cinq cens têtes. Après que les ennemis furent retirés chez eux, le roi des dahomets fit promener dans un grand bassin la tête du général judaïque par-tout son pays, pendant plus d'un mois, quoiqu'elle sentit très-mauvais. On donnoit à boire à tous ceux qui la venoient voir. Cette tête coûta la vie à trente des plus braves du pays, & il ne nous fut pas permis de faire enterrer ceux qui avoient été tues sur le bord de nos fossés ;

le roi nous obligea de les y laiſſer, comme un trophée de ſa victoire.

Le peuple dahomet, dont il vient d'être parlé, malgré ſa réputation de bravoure, a pluſieurs fois été obligé, dans le tems même de ſa plus grande proſpérité, de fuir de ſon pays pendant trente ou quarante jours, lorſque ſon roi ne pouvoit payer le tribut annuel à un autre roi beaucoup plus puiſſant que lui, qui ſe nomme le roi des *ayeots* & qui, dit-on, met cent mille hommes ſur pied, & à qui dix autres rois paient auſſi tribut. Il réſide à cent cinquante ou à deux cens lieues dans les terres. Lorſque ſes ambaſſadeurs viennent recevoir ce qui eſt dû à leur maître, s'il ſe trouve alors un blanc chez le roi des dahomets, on a grand ſoin qu'il ne puiſſe parler à ces ambaſſadeurs.

Les *ayeots* ne font point de captifs, les priſonniers ſont attachés à la queue de leurs chevaux avec leſquels ils galoppent jusqu'à ce qu'ils soient morts.

Il est encore une autre nation, inconnue aux blancs, qui viennent chez le roi des dahomets : ce sont des marabous mahométans, d'un pays fort éloigné dans les terres, qui apportent des tapis de coton & soies fabriquées chez eux, qu'ils échangent contre d'autres marchandises. Ces négres paroissent beaucoup moins ignorans que tous ceux des bords de la mer; aussi nous ne connoissons que les nations qui avoisinent les *dahomets*. Ce sont les *maillys* & les *nagots* qui sont sans cesse pillés & vendus dans nos établissemens.

En général plus on s'avance dans les terres, plus le pays est beau; on y trouve comme par-tout le reste de la côte, beaucoup d'éléphans, de tigres, de loups monstrueux en grosseur, & une quantité prodigieuse de singes de toute espèce. Le terrein produit absolument tout ce que l'on veut; tous les fruits de l'Amérique & de l'Asie y viennent parfaitement, dont la majeure partie sont naturels au pays. Les oranges y sont meilleures que dans aucun pays connu, d'une grosseur & d'une qualité supérieure à celle de Chine & d'Amérique. Les *ananas* ne s'y plantent pas ainsi qu'au haut de la côte.

Lorsqu'on en demande aux négres trente ou quarante, il en vont chercher dans le bois & jettent sur le lieu la couronne à terre qui, un mois après, a repris racine d'elle-même, & produit un autre ananas aussi beau que celui dont il est sorti, sans cette facilité à se reproduire, les blancs des navires n'en mangeroient jamais, parce que les négres sont trop paresseux pour les replanter.

Dans une occasion, je taillai moi-même la vigne d'une treille que j'avois à ma porte, & j'en replantai les tailles ou viettes; en peu de tems elles prirent si bien racine, qu'après trois mois un pied produisit une grappe; mais généralement la vigne produit deux fois par an ; dans ce pays, & y pousse si vigoureusement que les grains en sont trop serrés ; ce qui les empêche de mûrir également.

Les gens du pays font une assez grande consommation d'une espèce d'haricots rouges tout semblables aux nôtres ; même feuille & même goût ; mais, ces haricots, au lieu de venir dans leur écosse comme ceux d'Europe, se forment en terre, attachés à la racine, par une petite fibre au nombre de quarante ou cinquante, & lorsque les négres veulent en faire la récolte, ils en arrachent la taloppe entière.

Ils ont aussi chez eux les petits poids ronds d'Angole de la forme des nôtres, & qui en ont le goût. Ils viennent naturellement, sans culture, sur les arbres de sept à huit pieds de hauteur, & exactement semblables à ceux d'Amérique, avec les feuilles desquels nos habitans fument leurs terres.

Le chou caraïbe & le chou palmiste sont aussi naturels au pays. Les bois sont remplis de ce dernier & si communs que chacun en peut couper autant qu'il en veut, & sans permission. Ces deux sortes de légumes y sont d'un goût excellent ; ils feroient des plats friands en Europe si on les avoit.

Les *patates*, les *ignames*, les bannanes, les figues, y sont également très-bonnes & en quantité. Ce pays produit, indépendamment des vivres ordinaires du long de la côte, une sorte de poivre qui, sans être le même que celui de la côte de Maniguette, est d'une odeur & d'un goût très-agréable.

Mais l'objet le plus curieux des productions de ce pays, fort loin dans les terres, est une soie qui vient sur les arbres. Cette soie est de trois couleurs naturelles, cramoisie, verte & jaune. On la trouve dans de grosses coques ressemblantes à celles des *cacaos*, & elles sortent, d'elles-mêmes, comme celles du coton. Je n'ai jamais pu voir un de ces arbres, quoiqu'on m'ait assuré que le roi des dahomets en avoit plusieurs dans ses cases : je lui ai demandé une poignée de cette soie, naturelle & non teinte, il m'en a fait donner une poignée de chaque couleur en me demandant ce que j'en voulois faire ? Je l'ai rapportée en France ; il me reste un ou deux tapis de coton dans lesquels il entre de cette soie.

On vend encore dans les marchés une racine d'arbre qui, pilée & macérée, donne la teinture de la plus belle couleur de rose possible. J'en ai fait bouillir dans un vase avec un petit morceau de taffetas blanc, qui a pris la couleur d'un très-beau rose ; & deux jours après j'ai mis ce même morceau de taffetas à tremper, douze heures dans l'eau, sans qu'il perdît la beauté de sa couleur.

Ce pays produit, d'ailleurs, tous les fruits des pays chauds, & seroit un vaste

vaste champ d'instruction pour un botaniste curieux ; il trouveroit bien des plantes inconnues qui y poussent avec vigueur. En général, les terres produisent tout ce qui est nécessaire à la vie, & les négres, malgré leur paresse, élèvent des cabris, des poulets, ils ont force gibier ; il n'y a que les seuls bœufs qui manquent dans le pays. Il est défendu à tous les négres d'en élever, non par des motifs de superstition ni de difficultés, mais, seulement, parce que le roi s'est réservé le droit d'en avoir un troupeau ; droit qu'il regarde comme une marque de grandeur pour lui. Cependant il est permis aux blancs d'en avoir : le fort français, l'anglais & le portugais ont un grand soin d'en entretenir un troupeau, & de remplacer, par des élèves, ceux qu'ils font tuer de tems en tems. Comme un bœuf tué ne se garderoit pas deux ou trois jours, sans être gâté, on est dans l'uſage lorſqu'on en veut manger, d'en envoyer réciproquement un quartier dans les deux ou trois forts qui, à leur tour, en font autant à notre égard. Il en eſt des chevaux comme des bœufs; le roi ſeul & les blancs peuvent en avoir; c'eſt quelquefois une récompenſe & une marque de dignité que ce prince donne aux grands de ſa cour, de leur faire préſent d'un cheval qu'ils ne montent que les jours de fêtes ou de cérémonies, ſans être ſellé, il eſt ſeulement couvert d'un tapis, & le cavalier a un valet de chaque côté qui chante les louanges de ſon maître & la faveur que le roi lui a faite.

Je ne dirai plus rien de la nation des dahomets; je crois avoir ſuffiſamment décrit les mœurs barbares, la religion & les productions du pays; je n'ai rien écrit dont je n'aie été le témoin. Le lecteur, peut être certain de cette relation, & s'il trouve dans ce récit quelque choſe d'extraordinaire, il n'en eſt pas moins conforme à la plus exacte vérité.

Pour achever de parcourir la Nigritie, en partant de Juda pour descendre la côte, on trouve trois ports très-proches les uns des autres. Le plus éloigné n'est qu'à vingt lieues de *Juda ;* ces ports sont Epée, Portonove, à Badagry ; ces trois endroits sont habités par les Judaïques, jadis chassés, comme il a été dit de *Juda*, par les dahomets : ils vivent chacun sous un chef de leur nation, mais ils sont désunis entr'eux par jalousie de commerce, ce qui fait la sûreté des dahomets. Plusieurs navires trouvent à s'expédier, de ces ports ; avec des cargaisons de noirs. *Badagry* étoit ci-devant l'endroit où il s'en expédioit le plus, parce qu'il étoit gouverné par un nomm Guinguins, qui avoit été élevé par les blancs & qui se conduisoit de manière à attirer chez lui le commerce. Il avoit gagné la confiance des capitaines de navires ; mais depuis dix-huit ou vingt ans, le commerce de ces trois escales a changé différentes fois de face par les révolutions du pays.

Après ces trois efcales, toujours en defcendant la côte, il n'y a plus de traite à faire qu'au *benin*, de laquelle rivière il s'expédie plufieurs navires chaque année; mais leurs captifs font les moins eftimés de la côte, non-feulement parce qu'ils ne peuvent s'accoutumer à d'autres vivres qu'à ceux de leurs pays, qui font principalement des ignames, des patates, &c. &c. mais encore parce qu'ils fe chagrinent facilement & meurent affez promptement. Ce pays a pour voifin le Gabon, dont les peuples font antropophages; ils mangent les blancs comme les négres, lorfqu'ils en peuvent attraper; ils font, par cette raifon, redoutés de leurs voifins, qui leur font fans ceffe la guerre. Nos navires européens évitent d'aborder cette malheureufe terre autant qu'ils le peuvent ; néanmoins ils sont quelquefois obligés d'en approcher, parce que ces peuples habitent au fond d'une baye ou golfe, où les courans de la mer & les vents contraires les jettent malgré eux. Il n'y a pas cinquante ans qu'un navire qui s'y trouvoit entraîné, ou s'y perdoit, ou au moins perdoit le fruit de son voyage par la difficulté d'en sortir ; retenu toujours par les courans qui sans cesse le jettoient au fond de la baie, & lorsqu'il étoit près de terre, il falloit qu'il y mouillât, car c'étoit toujours à recommencer.

Quelques chaloupes ou bateaux portugais ont quelquefois payé cher d'y avoir arrêté, parce qu'ils manquoient absolument d'eau ; ils étoient obligés de chercher à en aller faire à terre, où ils étoient aussi-tôt enveloppés & mangés. Cela est arrivé rarement, à la vérité ; heureusement depuis trente à quarante ans nos navigateurs ont trouvé le moyen, lorſqu'ils ſont entraînés par le courant dans le *Gabon*, de s'en tirer, en moins de huit à dix jours, en ne s'éloignant abſolument pas plus de deux à trois lieues de la côte, c'eſt-à-dire, qu'ils profitent d'un petit vent de terre qui s'élève preſque tous les ſoirs pour courir de petites bordées toute la nuit; & au lieu de courir au large tout le jour, ils mouillent le matin auprès de terre lorſque les vents changent. En recommençant cette manœuvre tous les ſoirs, ils parviennent enfin à doubler la pointe de cette baye, & à ſe trouver hors des courans.

Sortis de cette baye, il n'y a plus de commerce, en deſcendant, qu'à la côte d'*Angole*, qui eſt la dernière partie où l'on peut traiter des négres; le commerce y eſt conſidérable; il s'y fait dans trois ports, qui ſont Gabingue, Malinbe, Louangue, ſous différens chefs. Ces contrées ſont vaſtes, & d'une grande profondeur dans les terres, puiſque malgré la traite qui s'y fait depuis près d'un siècle, elles ne paroissent pas encore épuisées. Les productions du pays y sont les mêmes que par toute la côte, & la manière de vivre des habitans est la même. C'est à cette côte qu'on trouve quelquefois l'orang outang; chacun connoît assez, par les descriptions qui en ont été données, les facultés de cet animal, qui approche tant de l'homme à certains égards; on n'en trouve point de rassemblés, comme l'ont prétendu quelques écrivains. Il n'y en a en Guinée qu'à la côte d'Angole. Les gens du pays en rencontrent un ou deux en dix ans. Ces peuples ne savent absolument d'où ils proviennent; leur commune opinion est qu'ils sont produits par une espèce de singe monstrueux en grosseur qui habite les bois; il est très-commun chez eux; ils aiment beaucoup les femmes, & ils enlèvent quelquefois des négresses dans les chemins, & les emmènent dans le fond de leurs retraites ; ils habitent avec elles, & l'orang outang eſt le fruit de leur union. Il eſt très-rare de pouvoir s'en procurer. Les navires qui s'expédient de ces trois ports, quoique plus éloignés des iſles de l'Amérique que de Juda, qui eſt plus au nord, reſtent néanmoins beaucoup moins de temps pour s'y rendre, leurs traverſées ordinaires, n'étant que de cinquante à ſoixante jours. Ils ne ſont d'ailleurs obligés à aucun relâche. Ils partent ordinairement avec des vents de ſud-eſt, qui leur ſont favorables, au lieu que ceux qui s'expédient de Juda ſont toujours obligés de relâcher à l'iſle du Prince, ou à Saint-Thomé, ou à Anabon.

Comme ces trois iſles ne ſont guères éloignées que d'environ quatre-vingt lieues du lieu de leur départ, & qu'elles ne ſont en général habitées que par des négres & mulâtres, à quelques blancs près ; je vais en donner la deſcription.

Ces trois isles appartiennent aux portugais ; une pointe de celle de Saint-Thomé est située directement sous la ligne équinoxiale ; elle a un très-bon port, & une forteresse qui commande la rade ; les navires y trouvent des vivres & des raffraîchissemens en abondance. Elle n'est habitée que par des négres & quelques mulâtres, sujets libres du Portugal, avec leurs captifs. Ils ont chacun leur habitation, dont ils tirent un bon produit, qu'ils augmenteroient s'ils étoient moins paresseux : car il ne faut que gratter la terre pour y faire venir tout ce que l'on veut. Tout y pousse avec force, & est supérieur en grosseur à tout ce qui vient ailleurs. Mais les captifs de ces habitations, aussi libres que leurs maîtres, ne font que leur volonté, ne travaillent que deux ou trois jours de la semaine, ou pour mieux dire quand ils veulent. Néanmoins ce peu de travail leur produit des vivres abondamment, non-seulement pour la consommation de l'isle, mais encore de quoi en fournir à tous les navires français, anglais, & autres, qui y relâchent. Les bananes, figues, ananas, oranges, citrons, pommes, roses, cocos, & autres fruits, y sont en si grande quantité qu'on trouve des demi-lieues de terreins dont les arbres se touchent les uns les autres, & qu'on n'y peut passer qu'en faisant mille détours; ce qui fait que la terre est couverte de ces fruits, & que chaque navire en emporte autant qu'il peut en prendre; indépendamment de ces raffraîchissemens, on trouve dans cette isle beaucoup de tortues, de poissons, & de la volaille en abondance, &c. &c. Mais malheureusement, malgré tous ces avantages, cet endroit est fort mal-sain. Les européens y meurent très-promptement, & c'est ce qui fait qu'il n'y a que trois ou quatre capucins blancs dans toute l'isle; ils y ont un petit couvent, où ils vivent avec la même liberté que tous les autres prêtres négres, c'est-à-dire, avec nombre de négresses.

Je viens de dire des prêtres négres, parce qu'il n'y en a point d'autres dans l'isle, quoiqu'il y ait huit à neuf églises ou chapelles. Ces prêtres sont si ignorans, que la plupart ne savent pas lire. La première fois que je descendis dans cette isle (c'étoit un dimanche matin) on me proposa d'aller à la grand'messe à la cathédrale ; je m'y rendis, & comme j'ignorois qu'il n'y avoit point de blancs, ma surprise fut sans égale, de n'y voir que des négres & négresses dans l'église ; mais mon étonnement augmenta en approchant du chœur de ne voir à l'autel que trois grands négres en chasubles, & six ou huit petits négrions, enfans-de-chœur, en surplis. Tous ces objets étoient bien capables de frapper des yeux qui n'y étoient point accoutumés. Lorsqu'il fut question d'entendre chanter du nez à toute l'assemblée, il n'y eut plus moyen d'y tenir : mille voix discordantes & aigres crioient d'une manière insupportable; cependant, pour ne point paroître indévôt, j'eus le courage de ne sortir qu'après la messe finie, me promettant bien de ne jamais assister à une telle musique.

Retiré à mon logement, pour voir passer tout le monde, je me placai sur une galerie qui est devant chaque maison, je m'amusois à demander à mon hôtesse, à mesure qu'il passoit une mulâtresse ou une négresse plus parée que les autres : qui est celle-ci ? & qui est celle-là ? A chaque question elle me répondoit : c'est la fille du père un tel ; & enfin je lui demandai, si les prêtres se marioient dans cette isle ? Oui, me repondit-elle, à la mode du pays, chacun d'eux a deux ou trois maîtresses; les filles que vous venez de remarquer sont leurs enfans. Rien de plus commode, lui dis-je. Je pris là-dessus d'autres informations d'un capitaine de navire, qui me dit, que cela étoit toléré parmi eux, d'autant que le gouvernement de Portugal avoit essayé plusieurs fois d'envoyer un évêque dans l'isle, pour y faire la réforme; mais que quinze jours ou un mois après il avoit été empoisonné, ainsi que les gouverneurs venus de Lisbonne: de manière qu'on avoit renoncé à en envoyer d'autres. En outre, l'air y est si mal-sain, qu'on avoit éprouvé que les blancs ne pouvoient y résister; que cela les avoit déterminés à donner les places aux gens de l'isle; qu'il y en a douze de commissionnés, qui se nomment fastueusement le parlement de Saint-Thomé, mais qui au fond sont douze coquins.

Après ces renseignemens, on me dit, qu'il falloit aller faire une visite au gouverneur. J'envoyai mon domestique chez lui, pour savoir quand il seroit visible? Il me fit réponse qu'il m'attendoit; je m'y rendis aussi-tôt, pour m'en débarrasser.

M. le gouverneur étoit un mulâtre ou métis, qui par un usage de son pays, & pour satisfaire une sotte & ridicule vanité, venoit de faire sortir dans sa chambre & sur sa galerie, toute sa garde-robe, en habits, vestes & culottes, le tout bien étalé, comme pour y faire prendre l'air; mais au vrai par ostentation, pour faire parade de ses vieux habits; de sorte que son appartement ressembloit exactement à la boutique d'un mauvais frippier.

De cette manière le gouverneur me reçut avec un vieux habit galonné de l'autre siècle; il me fit néanmoins beaucoup d'honnêtetés, & me fit présenter des raffraîchissemens de l'isle, en me faisant beaucoup d'offres de service. Retiré chez moi, je plaisantai un peu avec mon hôtesse & quelques français de mon navire, sur l'usage de faire sortir ses habits pour recevoir des étrangers. On me dit que l'après-midi, en sortant de vêpres, je verrois un autre exemple aussi ridicule. Effectivement, les vêpres finies, on me fit remarquer que toutes les femmes à prétention mettoient cinq à six jupons l'un sur l'autre, malgré la chaleur du climat, & qu'elles les arrangeoient de façon qu'on pouvoit tous les distinguer, en les élevant de trois à quatre pouces les uns au-dessus des autres, de manière que le dernier de ces jupons ne paroissoit pas avoir plus de douze à treize pouces de hauteur.

Le dimanche suivant, je fus témoin d'une cérémonie non moins étonnante que les premières; l'on me dit que sur les cinq heures après-midi il passeroit une très-belle procession devant ma porte. En conséquence, je me tins sur ma galerie; cette procession étoit précédée de tout le peuple négre de l'isle, avec les femmes parées de leurs plus beaux ajustemens; ensuite des cavaliers masqués, habillés en pierrots & en arlequins, d'autres en chemises, le visage barbouillé, & sans masques; d'autres à pieds, vêtus de même, tous caracolant & se retournant de momens à autres;

ensuite venoit un petit vaisseau, porté sur des roues, avec des voiles de soie, que les masques tiroient ; dans ce petit navire étoit un Saint-Sacrement exposé, entouré de quelques prêtres ; le gouverneur & le prétendu parlement formoient la marche. Après qu'ils eurent ainsi parcouru toute la ville, chacun se retira chez soi.

La moitié de l'isle de Saint-Thomé est remplie de montagnes, dont une est si haute qu'on n'en voit jamais le sommet ; il est toujours enveloppé d'une espèce de nuage, qui paroît comme les vapeurs d'une fumée. Cette montagne est habitée & remplie de négres marons, qui autrefois se sont sauvés pour y devenir libres. Les habitans de l'isle pourroient les détruire facilement s'ils vouloient, mais ils s'en donnent bien de garde, en ce qu'ils font leur sûreté contre la désertion de leurs captifs. On ne craint pas qu'ils aillent trouver les *marons*, qui sont dans l'usage de tuer tout tous les négres qu'ils attrappent, dans la crainte qu'ils ne viennent découvrir leur retraite, & qu'ils ſoupçonnent leur être envoyés à cet effet pour les trahir ensuite. Par ce moyen, les captifs des habitations qui ſont informés du riſque qu'ils auroient à courir, ne ſont pas tentés de déſerter, d'autant qu'ils ſont bien traités, & comme s'ils étoient libres. Quant aux femmes les marons ne les tuent point; ils les emmènent au contraire très-ſoigneuſement dans la montagne, lorſqu'ils peuvent en attraper, & ils les donnent à ceux d'entr'eux qui n'ont point de femmes.

L'isle du Prince.

CETTE isle n'est éloignée de Saint-Thomée que de trente lieues, d'où on la voit par un temps clair, malgré son éloignement. Quoique peut-être un peu moins fertile que Saint-Thomée, c'est une bonne relâche, & l'air y est moins mal-sain. L'on y trouve quelques blancs, & par cette raison plus de sûreté, parce que les principaux habitans en sont moins canailles. Ils vivent comme eux, & font le même commerce; ainsi je n'en dirai rien de plus, pour ne pas tomber dans des répétitions.

La troisième isle se nomme *Anabon*, située par les deux degrés sud. Elle est excellente à tous égards, & n'a pas plus de huit à neuf lieues de tour; elle étoit autrefois inconnue & déserte; elle s'est peuplée assez singulièrement. Il n'y a pas un siècle, qu'un navire portugais, du Brésil, chargé d'une cargaison de noirs, s'y perdit la nuit ; mais tout le monde se sauva à terre. Néanmoins il ne resta avec les négres qu'un seul capucin portugais, qui a su si bien gagner leur amitié, qu'ils en ont fait leur chef, & que depuis ce temps-là ils ne veulent qu'un capucin pour les gouverner, qu'on leur envoye de Portugal. Ce religieux est parvenu à instruire tous ces négres dans la religion chrétienne, autant qu'il est possible de le faire. Il a bâti de ses mains une petite chapelle, où il célèbre l'office divin. Cette petite isle seroit une relâche préférable aux deux autres pour les navires qui partent de la côte, non-seulement parce qu'on y trouve tous les genres de vivres qu'on y peut desirer, & à si bon compte qu'on en est étonné, mais encore parce que les navires, s'y trouvant au vent, abrègent leur traversée ; mais almheureusement il eſt ſi difficile de l'attrapper, à cauſe des courans & vents contraires, qu'à peine ſur cinquante navires un ſeul peut y relâcher.

Je reviens préſentement à la côte d'*Angole*, qui eſt le dernier lieu où l'on traite des noirs, paſſé laquelle les bords de la mer ſont inhabités & preſqu'inconnus, & juſqu'au cap de Bonne-Eſpérance, où l'on trouve d'autres nations, preſque de la couleur des Caraïbes de l'Amérique, & qui ne ſont plus l'objet de la Nigritie, décrite dans cet ouvrage. Néanmoins, après avoir paſſé le cap de Bonne-Eſpérance, en ſuivant toujours la côte, on entre dans le canal de Mozambique, où recommence le peuple négre, vis-à-vis l'iſle de *Madagaſcar*, qui eſt une des quatre plus grandes iſles connues, qui fait encore le commerce des captifs; mais ces deux derniers endroits de l'Afrique ſont trop éloignés de nos iſles de l'Amérique, pour les fournir de négres, par les longueurs des traversées, quoique quelques petits bâtimens l'ayent déjà tenté. Cependant Madagascar est très-utile à nos isles de France, de Bourbon & à la navigation, pour la traite des bœufs & autres vivres, qui y sont en abondance.

DERNIER CHAPITRE.

Des réflexions par lesquelles je terminerai cet ouvrage il en est peut-être déja quelques-unes de répandues dans plusieurs des articles que j'ai traités, mais je ne peux trop les remettre sous les yeux si je veux que mon travail soit de quelqu'utilité, & s'il ne l'est pas, je n'aurai aucun reproche à me faire.

Il résulte donc de tout ce que j'ai écrit sur la Nigritie, que le commerce d'esclaves que les européens font dans ces vastes contrées, est un commerce affreux, contraire aux loix divines & humaines, à la religion, à l'humanité; que ce commerce occasionne des actes monstrueux de cruautés; qu'autrefois, ces peuples heureux sous les loix de la nature, par la fécondité de leur terre

& la salubrité de leur climat, ont été par notre criminelle avidité transformés en bêtes féroces ; ils ne se font la guerre entr'eux & ne se détruisent réciproquement que pour vendre leurs patriotes à des maîtres barbares, les rois eux-mêmes n'y voyent leurs sujets que comme une marchandise qui peut leur servir à se procurer ce que desirent leurs caprices, & même à faire parade de leur férocité, puisque dans leurs fêtes publiques du haut de l'échafaut, qu'ils appellent leur trône, il jettent à la populace des hommes à déchirer, ainsi que dans les nôtres on jette des pièces de monnoie, & le sang des sujets y est, comme il est arrivé quelquefois en Europe, une richesse appartenante en propre au souverain, dont il peut disposer sans rendre de compte & qu'il peut dissiper, où, & comme il lui plaît.

Les partisans de ce commerce, aveuglés par l'amour du gain, veulent rendre la religion complice de leurs crimes en s'étayant de la tolérance de l'églife, dont les vues faintes étoient d'amener ces peuples à la foi & de les délivrer de l'idolâtrie ; mais que cette méthode eft loin de remplir ce projet ; l'églife n'avoit pas foupçonné toutes les cruautés que ce commerce entraîneroit ; elle n'avoit pas prévu que loin de faire jouir ces expatriés de cette fainte douceur que prefcrit notre religion, on les tyrannileroit de mille manières différentes, & qu'on leur feroit confidérer les européens bien moins comme leurs bienfaiteurs que comme leurs bourreaux ; & eft-il un homme livré a un pareil trafic qui connoiffe d'autre dieu que l'or, & d'autre culte que la manière d'en gagner !

D'un autre côté, fi en Amérique on les force de profeffer la religion chrétienne, c'eft bien plutôt la profaner que la faire refpecter, par la raifon que ces captifs, venant d'Afrique, n'apprennent jamais aſſez notre langue pour rien concevoir de ce qu'on leur enſeigne ; après des leçons ſans nombre, ils ne ſont pas plus avancés que ſi on leur avoit parlé mathématiques ou aſtronomie ; de façon, qu'à quelques ſimulachres près, ils vivent & meurent dans la plus profonde ignorance des devoirs de l'homme. Ils ne ſe doutent pas plus de l'exiſtence d'un Etre ſuprême, que de l'humanité qui nous eſt preſcrite.

Il n'en eſt pas de même de ceux qui naiſſent dans nos colonies ; il eſt poſſible de les inſtruire dans notre religion. quoique la plupart des habitants ne s'en donnent gueres la peine. On pourroit même les naturaliſer au point de ſe paſſer de ceux qu'on amene d'Afrique, en favoriſant, par de ſages réglemens, la population dans nos colonies.

En Juillet dernier, j'avois envoyé au principal Miniſtre du Roi, des obſervations ſur cet affreux commerce ; j'eſpérois qu'il trouveroit le tems de s'en occuper, & de les mettre ſous les yeux du Monarque qui nous gouverne, & dont le cœur eſt plein de bonté. J'eſpérois qu'il prononceroit l'abandon de ce trafic, & en donneroit le premier le glorieux exemple à l'Europe: mais que cet événement arrive un peu plutôt ou un peu plus tard, il ne ſera pas moins intéreſſant pour la France de conſerver ſon établiſſement au Senégal, dont il eſt facile de former en peu d'années, une colonie auſſi riche que celle des Eſpagnols & des Portugais en Amérique, & avec infiniment moins de dépenſe; le Senégal étant à ſi peu de diſtance de l'Europe, les avantages en ſont certains: mais l'établiſſement d'une telle colonie, eſt une entrepriſe d'état ou d'une riche Compagnie qui ſeroit extrêmement protégée du Gouvernement.

Quant à la Compagnie actuelle du Senégal, trois cauſes s'oppoſent à ſa prosperité, & l'obligeront indubitablement à renoncer à son entreprise.

La premiere de ces causes est qu'elle est non-seulement obligée de partager le commerce de la gomme avec les Anglais, à qui il a été permis par le dernier traité de paix, d'aller commercer à Portendick; permission dont jouissoit l'ancienne Compagnie des Indes, & que les Français n'avoient plus avant la derniere guerre; mais encore ce partage de commerce de la gomme force la Compagnie de la payer aux Maures douze & quinze fois plus que ne la payoit l'ancienne Compagnie: la seule concurrence des Anglais fait que toute cette gomme leur seroit portée, si les Français refusoient de se conformer au prix donné par les Anglais.

La deuxieme cause qui s'oppose au succès de notre Compagnie actuelle, c'est que la seule riviere du Senégal, où il lui est accordé le privilege exclusif du commerce est trop bornée par rapport aux dépenses qu'elle est obligée de faire ; & il est constant qu'elle ne pourra prospérer que lorsqu'elle obtiendra le même privilege qu'avoit l'ancienne Compagnie des Indes, c'est-à-dire, celui du commerce exclusif depuis le Cap-Blanc, jusqu'à Serralionne.

Enfin, la troisieme cause qui nuit plus qu'on ne pense au commerce de la Compagnie du Sénégal, c'est que depuis que la France est rentrée en possession de cette partie de la côte, c'est le militaire qui commande dans ce pays avec une autorité incompatible avec le bien du commerce, il le contrarie sans cesse dans ses opérations. Le Commandant du commerce peut & doit seul connoître les intérêts des différens Princes noirs, & de ceux de sa Compagnie qui y sont relatifs : de plus, il est indispensable que tous les gens de l'isle, negres, mulâtres, libres ou esclaves, soient subordonnés au Commandant du commerce ; autrement il eſt arrêté à chaque moment dans ſes opérations avec ſes habitans, dont la majeure partie eſt au ſervice de la Compagnie, quoique vivant par elle. Ils ſont ſouvent indociles aux ordres qui leur ſont donnés; ils prétendent à une augmentation de gages qu'ils n'ont jamais eus que des Anglais; &c, ce qui eſt encore plus dangereux, ils cabalent auprès des Princes noirs, pour faire défendre la traite aux blancs. Si, lorſque tous ces déſordres arrivent, le commandant du commerce n'a pas la liberté de faire punir les coupables, que peuvent devenir ſes opérations! C'eſt cependant ce qui arrive ſouvent, lorſqu'il veut retenir dans les bornes de leur devoir & de l'obéiſſance les negres mulâtres; ils ne manquent pas auſſi-tôt de s'aller plaindre au Commandant militaire qui, pour faire parade d'une autorité qu'il affecte toujours de montrer, ne manque jamais de donner raiſon à ceux qui devroient être punis. Par ce moyen, les mutins triomphent, & ſont appuyés dans leur inſubordination; & il eſt impoſſible qu'il ne réſulte pas de cette funeſte protection des déſordres & des vols, dont la Compagnie ne peut ſe garantir.

Et, que n'arriveroit-il pas, ſi un militaire avide contrediſoit par un commerce particulier celui de la Compagnie, dont alors la vigilance néceſſaire ne pourroit manquer de ſurveiller, de croiſer ſes opérations, & d'exciter la haine d'un Commandant qui, dans ces parages, ne doit avoir de puiſſance que pour protéger les Français !

Il eſt donc très-certain qu'indépendamment des dépenſes que des troupes, dans ce pays, coûtent à l'Etat, elles ſont très-nuiſibles au commerce. On peut joindre aux preuves que je viens de donner, l'exemple des deux Nations qui, dans le commerce, entendent le mieux leurs intérêts, les Anglais & les Hollandois; ils ont chacun douze à treize forts le long de la côte ; ils n'ont dans les plus considérables, que quelques soldats avec un Officier ou un Sergent, mais toujours sous les ordres du Commandant ou Directeur du commerce, ainsi qu'en avoit toujours usé l'ancienne Compagnie des Indes de France. Elle tenoit quarante-cinq soldats au Senégal, & pour Galam : elle en avoit seulement trente à quarante à Gorée en temps de paix, mais toujours aux ordres de la Compagnie ; autrement les affaires auroient été en désordre. Un dernier vice de la régie actuelle, est qu'on a permis à une trop grande quantité de negres libres, de venir s'établir sur l'isle du Sénégal ; ce qui cause presque tous les ans une disette de grains qui le fait rencherir au point que la mesure, qui ne se payoit que deux sols, se payoit en Mai 1788 douze sols.

Autrefois, j'aurois pu être soupçonné de quelqu'intérêt personnel, en disant ces vérités; mais à présent sur le déclin de l'âge & dégagé de toute affaire, je n'ai eu d'autre motif que d'être utile à ma Patrie.

AVERTISSEMENT.

AVERTISSEMENT.

A CETTE description de la Nigritie, qui n'a de recommandable que la vérité. J'ai pensé qu'il seroit bien de joindre un petit dictionnaire abrégé des mots, & quelques phrases en usage chez les peuples Iolofs, cela peut préparer à la connoissance de cette langue ceux que les affaires du commerce conduiroient sur ces côtes, cela peut donner à nos savans une idée de la grammaire de ces peuples; cette langue est très-douce & a des inflexions de voix plus marquées que la nôtre, & plus de brièveté dans ses expressions, elle se passe de verbes auxiliaires, *roc mi roc*, donne-moi & je te donnerai ce qui pourroit aussi être traduit, par troc pour troc, présente un apperçu de la précision de leur langage; *bir*, qui veut dire ventre; & *bir na*, femme enceinte, prouvent l'analogie du substantif joint à l'adjectif en un seul mot. Leur manière de compter fait voir que ce peuple étoit plus avancé & plus ingénieux que les Indiens qui se servoient de Quipos, science encore qui n'étoit en usage que chez les prêtres du temple du soleil.

Dans cet abrégé, je donne assez de connoissance de ce langage, pour qu'un voyageur intelligent puisse comparer d'autres langues à celle des Iolofs, & quelle foule de réflexions ne s'offriroient pas à l'esprit, si dans l'une des isles perdues sur l'immensité des mers du sud, on retrouvoit, je ne dis pas les menus dialectes, mais les mêmes mots primitifs qu'à fait inventer la nécessité de s'entendre sur les côtes d'Afrique.

Quelle idée effrayante ! L'imagination n'auroit-elle pas du boulleversement des parties du globe, & des commotions, sans doute, périodiques, qui ont séparé les peuples & les ont dispersés dans l'étendue de l'univers. Pour prouver ces terribles révolutions, le langage seul deviendroit la baze de la certitude, le même idiôme présentant & réunissant les titres de la même famille.

Planche I.

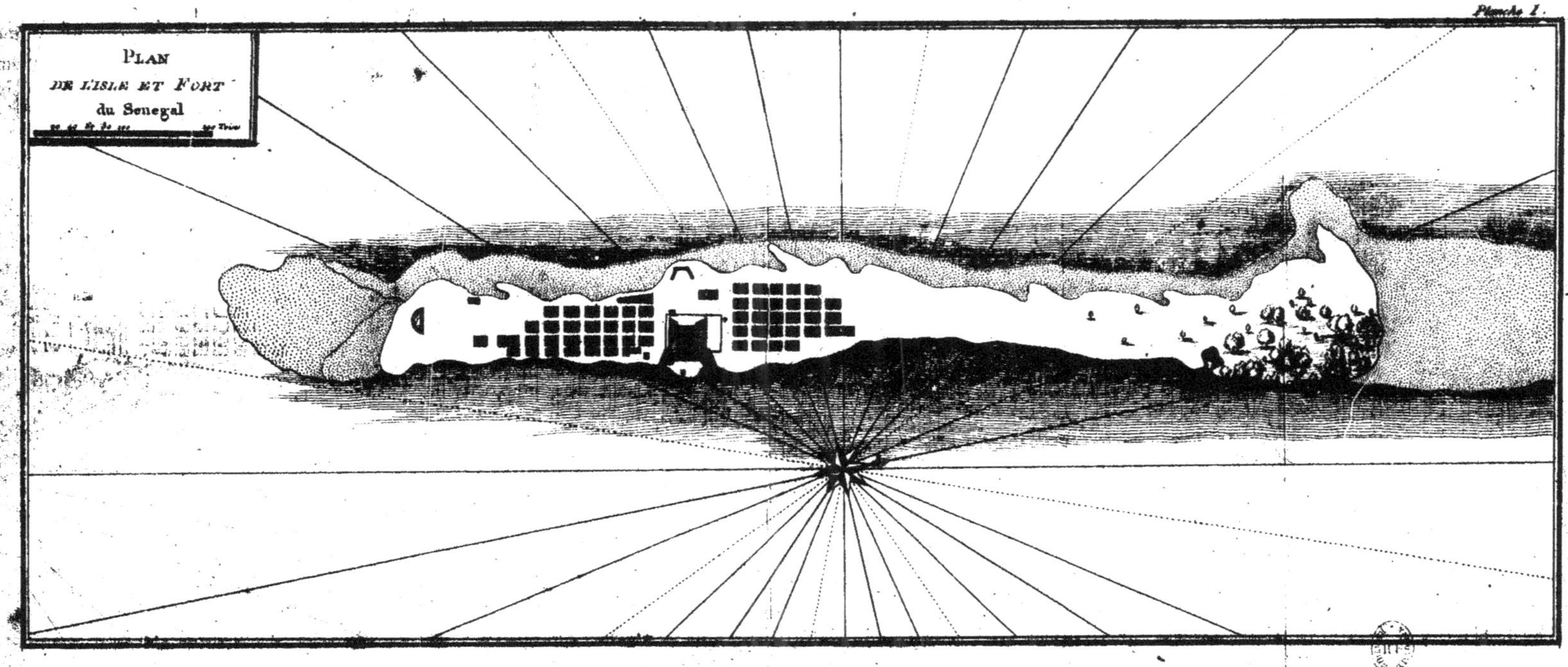

Planche II.

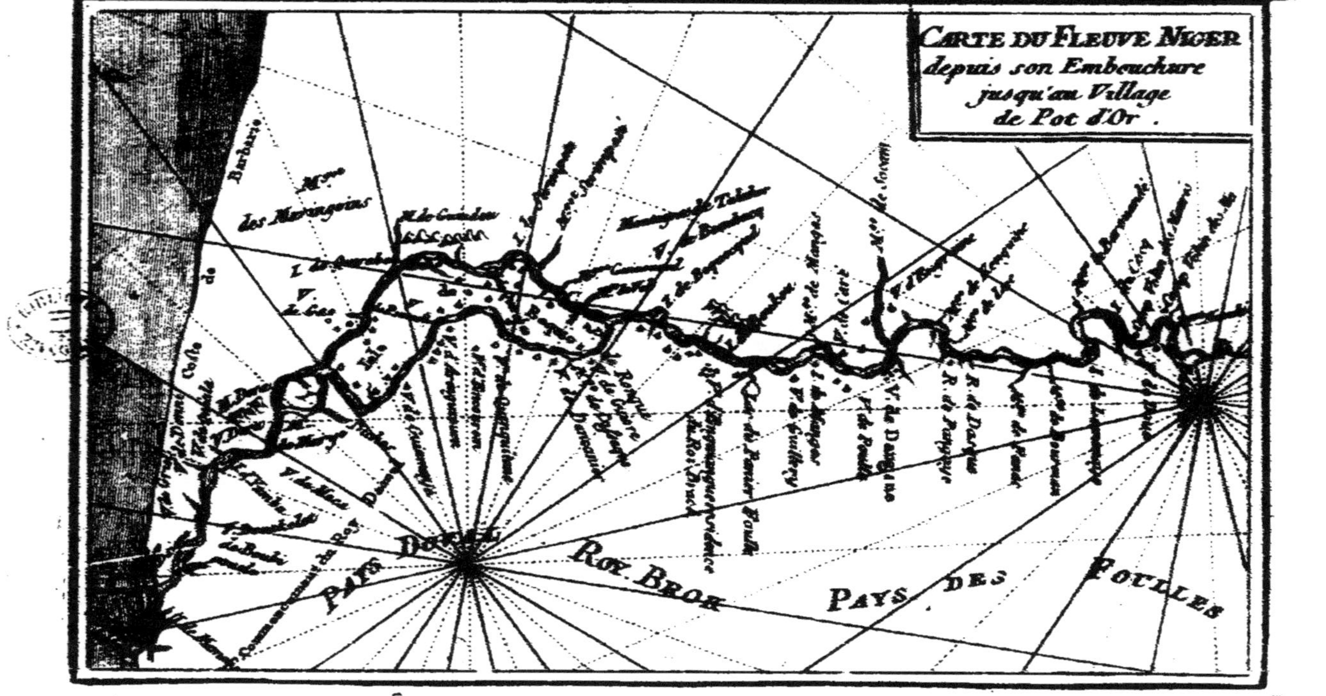

CARTE DU FLEUVE NIGER
depuis son Embouchure
jusqu'au Village
de Pot d'Or.
Barbarie
Coste
de
Mgne des Maringoins
PAYS
ROY BROK
PAYS DES FOULLES

NOMS
DE DIVERS OBJETS.

Homme.	Gour.
Femme.	Guiguenn.

On a mis ſouvent double lettre, à ce qui, dans notre langue, à l'*appuyement* que fait à la fin d'un mot un *e*, précédé d'une conſonne.

Roi.	Bour.
Maître.	Borom.
Jeune domeſtique.	Boucanet.
Les yeux.	Gott.
Le nez	Bacann.
La tête.	Boppe.
Le ventre.	Bir.
Femme enceinte.	Birna.
La langue.	Lamai.
Souliers.	Dal.
Beurre.	Diou.
Lait.	Sau.
Poules.	Guénar.

Canard.	Canquel.
Poiſſon.	Guienn.
Bœuf.	Nac.
Cochon.	Bamm.
Du mil.	Dougoupp.
Du riz.	Quiebb.
Eléphant.	Gnié.
Tigre.	Seigle.
Loup.	Bouqui.
Autruche.	Gaminte.
Boire.	Nane.
Manger.	Lécamm.

Mots & phraſes.

Un jour.	Benn huer.
Deux mois.	Guiar ſanne.
Trois ans.	Gniette hatte.
Tout à l'heure *ou* à l'inſtant.	Belinquiſſe.
Demain je me marie en face de Dieu.	Ellec maſſé quia quanam y. alla.
Ma femme eſt extrêmement jolie.	Sama guiabar rafetna lol.
Je l'aime de tout mon cœur.	Soppna quia ſamacol.
Ma femme eſt enceinte.	Sama guiabar birna.

Mon mari eſt mort.	Sa ma guiacar déna.
Je ne l'oublierai jamais.	Fatctimaco mouque.
Je vais le pleurer.	Mengala guioüé.
Ta fille eſt-elle mariée?	Sadom guiguenn ſcéna.
Non, trop jeune.	Der calella.
Ta grande-mère eſt vieille.	Samant magat na.
Allons manger ton couſcou.	Noudem lec ſaraguéré.
Je vais prier Dieu qu'il me donne un enfant.	Manga gulli y alla quima guiocre benne dom.
As-tu vu l'enfant qui a deux têtes?	Gueſſoula dom qui amga guiarr bopp.
Je crois que perſonne n'a vu cela.	Deffena quienn mouſſouco quiſſ.
Sûrement tu aimes les femmes.	Holla y ſoppena guiguenne.
Dis la vérité.	Oüacal dégué.
Je ne peut pas mentir.	Monou man fenne.
Cet homme là n'a pas de honte.	Gour bilet amour gaquet.
Donne-moi des marchandiſes *ou* de l'or.	Guioremau gur bare aurouſſe.
Donne-moi & je te donnerai.	Roc mi roc.
Que tu es malin.	Yaguena mouſſ.

Non, je ne ſuis pas malin.	Der dou ma mouſſ.
Ne me dis point d'injures.	Bouma caſſe.
Cela eſt fini, ne ſois pas fâché, & embraſſe-moi.	Sautina boulmer founeman.
Je m'en vas danſer avec ma jolie maîtreſſe.	Maugadem ſequel ac ſama qui auro raſette.
Venez petite m'embraſſer.	Caye calillé founeman.
N'ayez point peur des blancs.	Boulé ragalle toubabe.
Si tu avois un mari blanc.	So amé guiacard toubabe.
Comment ferois-tu donc ?	Nacan guadeſſe.
Je ne ſais.	Cam.
Vas t'en en ſanté.	Demenne acquiame.
Donne-moi mon fuſiſ.	Guiorqueman ſa ma fetal,
Avec mon ſabre je vais aller tuer un loup.	Ac ſa ma guieſſi mademrée benne bouqui.
Ce ſabre là m'appartient.	Guiaſſi bilet ma comom.

Le maître du Sénégal me l a donné.	Borom dar amaco guiorque.
Le maître de Goré n'eſt-il pas frère de celui du Sénégal.	Borom bire d'ou raquam borom dar.
Je vais dormir auprès de ma femme.	Mangadem nelo ac ſamaguiabar.
Moi je vais danſer.	Mann madem fequelle.
Maître de cuiſine, va tuer deux poules avec un canard.	Borom togue demenn rée gniar guenare ac benne cauquel.
Je voudrois voir le roi de France.	Bouguena co quiſſe bour tougol.
Cet homme là n'a pas d'eſprit.	Gour bilet amour kel.
Mes oreilles ſont malades.	Sa ma nope mitina.
Les vaiſſeaux de France ſont forts.	Randy tougol amga dolet.
Ma mère eſt morte.	Sa mandeil déna.
Je vais fumer ma pipe.	Manga toque ſama nanon.
Demain en ſanté, j'irai fort loin.	Elec guiam madem ſorena.
Donne-moi mon préſent d'adieu.	Guiorquemann ſamatago.
Je n'ai abſolument rien.	Amoumann dara.

Fais mon compliment à tes parens.	Noyoul man ſenn boque.
Cela eſt ſi excellent, que je crois que je m'en vais avec Dieu.	Nerclalol deſſna magadem ac y alla.
Gouttes-en.	Moſco.
Je n'oſerois pas.	Saguiou maco.
N'ayez point peur.	Boul ragale.
Donne-moi de l'eau, je vais me laver.	Guiorrmann doc madem racaſſe.
Je t'aſſure que cet homme là ne vaut rien.	Hola y gour bilet bacoul.
Donne-moi un coup d'eau-de-vie.	Guioremann tangué ſaugara.
Donne-moi dix barres de fer.	Guioremann ſouque barra.
Avec de la toile.	Ac indimon.
Cela eſt trop ſalé.	Saffena corom.
Aujourd'hui ta cuiſine ne vaut rien.	Teilſa toque bacoul.
Cela n'eſt pas vrai, tu es menteur.	Doudeque moguena ſenne.
Laiſſe-moi, je ſuis fâché.	Baſyemann mernaman.
Ne ſois pas fâché, aſſis toi.	Bouco mer guiaquil.

Vas t'en chercher du feu.	Demenn yoffi fafara.
Il n'y en a point ici.	Necouquia.
Tu as des pierres à fufil.	Amgua deuïl fetelle.

Manière de compter des Iolofs.

Un.	Benne.
Deux.	Guiart.
Trois.	Gniet.
Quatre.	Guianet.
Cinq.	Gurom.
Six.	Gurom benne.
Sept.	Durom gniart.
Huit.	Gurom gniet.
Neuf.	Gurom gnianet.
Dix.	Fouque.
Onze.	Fouque à benne.
Douze.	Fouque à gniart.
Treize.	Fouque ac gniet.
Quatorze.	Fouque ac gnianet.
Quinze.	Fouque ac gurom.
Seize.	Fouque ac gurom benne.
Dix-fept.	Fouque ac gurom gniart.
Dix-huit.	Fouque ac gurom gniet.

Dix-neuf.	Fouque ac gurom gnianet.
Vingt.	Gniard fouque.
Trente.	Gniet fouque.
Quarante.	Gnianet fouque.
Cinquante.	Gurom fouque.
Soixante.	Gurom benne fouque.
Soixante-dix.	Gurom gniart fouque.
Quatre-vingt.	Gurom gniet fouque.
Quatre-vingt-dix.	Gurom gnianet fouque.
Cent.	Benne temer.
Deux cens.	Gniart temer.
Trois cens.	Gniet temer.
Quatre cens.	Gnianet temer.
Cinq cens.	Gurom temer.
Six cens.	Gurom benne temer.
Sept cens.	Gurom gniart temer.
Huit cens.	Gurom gniet temer.
Neuf cens.	Gurom gnianet temer.
Mille.	Benne guné.

FIN.

ERRATA.

On doit ici prévenir le lecteur, que l'impression de cette relation de la Nigritie, ayant été faite pendant l'absence de l'Auteur, qu'il n'a pu, par cette raison, corriger les épreuves ; qu'il s'y est fait beaucoup de fautes d'impressions, & particulièrement dans les noms propres, & dans celui des lieux, qu'il n'est plus possible de rectifier, que par cet errata.

Page 2, *ligne* 5, *lisez* pouvoient, *au lieu de* peuvent.
Pag. 3, *lig.* 23, *lis.* Galam, *au lieu de* Galaue.
Pag, 4, *lig.* 21, *lis.* Babouches, *au lieu de* Bembouches.
Pag. 4, *lig.* 16, *lis.* Guiriot, *au lieu de* Quiriot.
Pag. 6, *lig.* 15, *lis.* pagne, *au lieu de* pague.
Pag. 7, *lig.* 9, *lis. encore* pagne, *au lieu de* pague.
Pag. 7, *lig.* 12, *idem. -- idem*, *au lieu de* pague.
Pag. 9, *lig.* 12, *lis.* d'une grande beauté, *au lieu d'*un grande.
Pag. 10, *lig.* 10, *lis.* Saletins, *au lieu de* Saltins.
Pag. 11, *lig.* 5, *lis.* Darmanceaux, *au lieu de* Darmaneaux.
Pag. 15, *lig.* 3, *lis.* Galam, *au lieu de* Galom.
Pag. 17, *lig.* 15, *lis.* le navire, la valeur, capitaine C'asse, *au lieu du* navire la Vallence.
Pag. 23, *lig.* 17, *lis.* Couscou, *au lieu de* Cousecou.
Pag. 25, *lig.* 6, *lis.* le roi d'Hamel, *au lieu du* roi d'Hamet.
Pag. 28, *lig.* 9, *lis.* à le protéger, *au lieu* à les protéger.
Pag. 35, *lig.* 2, *lis.* mill, *au lieu de* mil.
Pag. 41, *lig.* 7, *lis.* palmiste, *au lieu de* palmister.
Pag. 43, *lig.* 18, *lis.* deraquenqu eo, *au lieu de deraguenqubo.*
Pag. 46, *lig.* 15, *lis.* meuilles, *au lieu de* meuilles.
Pag. 47, *lig.* 10, *lis.* mortaudes, *au lieu de* mortandes.
Pag. 51, *lig.* 3, *lis.* après celui du roi d'Oual, *au lieu de* d'Onat.
Pag. 58, *lig.* 13, *lis.* l'ascars, *au lieu de* lascans.
Pag. 74, *lig.* 1, *lis.* mouïtte, *au lieu de* mouitte.
Pag. idem, *lig.* 8, *lis.* ce chasser, *au lieu* de chasser,

Pag. 75, *lig.* 17, *lis.* Bambaréna, *au lieu de* Baubazenna.

Pag. 76, *lig.* 2 à 3, *lis.* bambaras, *au lieu de* bambazas.

Pag. 77, *lig.* 2, *lis.* M. Stoupan Delabrue, *au lieu de* Stoupom Delvbrue.

Pag. 78, *lig.* 8, *lis.* bamboue.

Pag. 80, *lig.* 11 à 12, *lis.* qui peuvent donner le plus, *au lieu de* donner le plus de mines.

Pag. 84, *lig.* 4, *lis.* celles des Négres, *au lieu de* celle.

Pag. 88, *lig.* 8, *lis.* cacho, *au lieu de* cachas.

Pag. 90, *lig.* 8, *lis.* occasionner, *au lieu de* supporter.

Pag. 101, *lig.* 2, *lis.* Mosambique, *an lieu de* Mausenbie.

Pag. 102, *lig.* 16, *lis* serairres, *au lieu de* serezes.

Pag. 117, *lig.* 14, *lig.* capitaine Avrillou, *au lieu de* Avrillon.

Pag. 114, *lig.* 5, *lis.* je les faisois, *au lieu* que je les faisois.

Pag. 119, *lig.* 2, *lis.* défense de traité, *au lieu de* défense des traités,

Pag. 120, *lig.* 11, *lis.* Seraires nonnes, *au lieu* Serairos noirs.

Pag. 127, *lig.* 1, *lis.* Bruxalme, *au lieu de* Bruxal.

Pag. 128, *lig.* 12, *lis.* grands macatons, *au lieu de* grands malatous.

Idem. lig. 13, *lis.* de même macatons petit, *au lieu de* malatous.

Idem. lig. 17, *lis.* Mortaudes, *au lieu de* Mortandes.

Pag. 129, *lig.* 10, *lis.* chandelier de cuivre, *au lieu de* chandellier,

Pag. 129, *lig.* 22, *lis.* de Bery, *au lieu de* Berg.

Pag. 130, *lig.* 15, *lis.* Bajutapo, *au lieu de* Bajatapo.

Idem. lig. 21, *lis.* contre brodés, *au lieu de* coutre.

Pag. 132, *lig.* 11, *lis.* brigantin, *au lieu de* bringantin.

Pag. 133, *lig.* 17, *lis.* sur l'isle Boulan, *au lieu de* Boullant.

Pag. 13[illegible], *lig.* 15, *lis.* qui fertilisent. *au lieu* qui fortisient.

Pag. 137, *lig.* 10, *lis.* Boulan est entourés de bancs, *au lieu d*'entouré d'eau.

Pag. 147, *lig.* 6, *lis.* à Namabon, *au lieu d*'Anamabon.

Pag. 164, *lig.* 22, *lis.* Agâou, *au lieu d*'Ag[illegible]

Pag. 168, *lig.* 2, *lis.* chaise, *au lieu de* ch[illegible].

p67

178

69

178

102

120

121

122

[illegible] p129

133 Chevaux

135 de Boulam

169 [illegible]

p203 Superstitions des Indiens portugais

St Thomas p 249

prix de l'ivoire
p 67

Plant pour dicouter
du Senegal 1798

[illegible] 1875

[illegible]

[illegible] 1197

[illegible] Chemin [illegible]

[illegible]

[illegible]

[illegible]

St Thomas p 249

[illegible] 179[illegible]

prix de l'ivoire
p 167

Plan pour [illegible]
du Senegal 1798

www.ingramcontent.com/pod-product-compliance
Ingram Content Group UK Ltd.
Pitfield, Milton Keynes, MK11 3LW, UK
UKHW020436200726
13857UKWH00002B/443

9 782012 882